CW01645176

Histoire du Luxembourg

Avec deux cartes de Martin Uhrmacher

ULB lire
Références

Michel Pauly

Histoire du Luxembourg

Traduction de Paul-Louis van Berg

EDITIONS DE L'UNIVERSITE DE BRUXELLES

Publié avec le soutien financier du ministère de la Culture
du Grand-Duché de Luxembourg

LE GOUVERNEMENT
DU GRAND-DUCHÉ DE LUXEMBOURG
Ministère de la Culture

ISBN 978-2-8004-1543-7
D/2013/0171/10
© 2013 pour l'édition française by Editions de l'Université
de Bruxelles
Avenue Paul Héger 26 – 1000 Bruxelles – Belgique
www.editions-universite-bruxelles.be
editions@ulb.ac.be

Edition originale en allemand : Michel Pauly,
Geschichte Luxemburgs
© Verlag C.H. Beck oHG, München 2011

Imprimé en France par Normandie Roto Impression s.a.s.
61250 Lonrai – numéro d'impression : 132613

Introduction

En 1989, le Luxembourg fêta le 150e anniversaire de son indépendance. Cette date entra dans la mémoire collective parce qu'en 1939, le gouvernement avait fêté le 100e anniversaire du traité de Londres de 1839 avec un certain faste, pour bien montrer à tous la volonté d'indépendance de la nation luxembourgeoise face à l'attaque imminente de l'Allemagne nazie. La véritable naissance de l'Etat actuel remonte au Congrès de Vienne de 1815, qui fonda le Grand-Duché de Luxembourg sur des bases diplomatiques et l'attribua en bien patrimonial au roi Guillaume Ier des Pays-Bas. Guillaume administra le Grand-Duché comme si c'était la dix-huitième province de son royaume et ce n'est qu'à partir de 1839, après la séparation des provinces méridionales qui prirent leur indépendance en 1830 sous le nom de Belgique, qu'on en vint peu à peu à la construction d'un Etat national luxembourgeois et à l'émergence d'une conscience nationale.

Dans le sillage de la formation de l'Etat, la littérature historique nationaliste élabora au XIXe siècle une continuité historique entre le comté de Luxembourg médiéval et le Grand-Duché de Luxembourg créé en 1815. Tandis qu'on attribuait au comte ardennais Sigefroid la fondation de la ville de Luxembourg et la naissance du comté au Xe siècle, et qu'on glorifiait l'accession des comtes de Luxembourg au trône impérial au XIVe siècle, les siècles suivants, au cours desquels des ducs, rois ou empereurs issus des maisons de Bourgogne, de Habsbourg, de Bourbon ou encore d'Orange-Nassau détinrent le pouvoir dans le duché de Luxembourg, sans parler du régime révolutionnaire français et de la domination napoléonienne, furent considérés comme les temps malheureux des dominations étrangères. La reconstruction historique courante, le grand récit de l'histoire luxembourgeoise, date de l'achèvement du processus de construction nationale pendant la deuxième guerre mondiale, lorsque la nation luxembourgeoise dut payer pour la première fois le lourd prix du sang pour son indépendance en résistant à l'occupation nazie.

Nous disposons donc de suffisamment de dates pour situer dans le temps les débuts de l'histoire du Luxembourg. Même si le nom de Luxembourg ne se détecte dans la documentation qu'au Xe siècle, même si, au Moyen Age, il ne désignait qu'une maison comtale et un territoire mais pas un peuple, et si les structures étatiques n'existent que depuis le XIXe siècle, ce livre présente l'histoire de l'espace luxembourgeois de la Pré- et Protohistoire à nos jours. Cette approche chronologique métanationale vise à déborder le cadre étroit d'une historiographie nationale. Elle prend aussi en compte l'espace luxembourgeois aux époques où le Luxembourg n'existait pas encore – ni comme ville ni comme dynastie, ni comme territoire et certes pas comme Etat ou nation.

Dans le même esprit, le lecteur sera souvent confronté à des développements et des événements qui se sont déroulés sur des territoires qui appartiennent aujourd'hui à la Belgique, à l'Allemagne ou à la France. Cela vaut aussi pour les époques les plus récentes, car l'histoire de ce petit Etat n'est concevable qu'au niveau transnational, c'est-à-dire intégrée dans un espace plus vaste. Sur le plan industriel comme sur le plan culturel, le développement du Luxembourg est étroitement lié à celui de la Grande Région Sarre-Lorraine-Luxembourg-Wallonie, ainsi qu'à celui des Etats et régions culturelles voisins et, au-delà, à ceux de toute l'Europe occidentale. Plus encore que les spécialistes qui s'attachent à décrire des Etats plus grands, l'historien du Luxembourg doit adopter pour principe épistémologique un regard transfrontalier.

CHAPITRE I

Du Paléolithique au Néolithique

En Europe, les plus anciennes découvertes préhistoriques au nord des Alpes remontent à l'époque de l'*homo erectus* et datent d'environ 600 000 ans. Les plus anciennes traces d'occupation sur le territoire du Luxembourg actuel sont vieilles d'au moins 350 000 ans et proviennent toutes de trouvailles de surface sur les terrasses supérieures des vallées de la Moselle et de la Sûre ainsi que sur quelques hauts plateaux du Gutland, paysage qui constitue les deux tiers méridionaux du pays. Des artefacts lithiques attestent une présence humaine non seulement pendant les phases de réchauffement ou interglaciaires, mais aussi pendant les phases glaciaires. Chasseurs-cueilleurs nomades, les hommes chassaient des animaux tels que le mammouth, le rhinocéros laineux, le cheval sauvage, l'aurochs et le renne, pour n'en citer que quelques-uns. La provenance précise des matériaux lithiques taillés démontre cette mobilité saisonnière. Ainsi a-t-on trouvé à Remich un biface en quartzite du Taunus, matière qui affleure dans la localité frontalière lorraine de Sierck-les-Bains.

Le Paléolithique moyen est attesté dans tout le Gutland par des artefacts lithiques de l'époque de Neandertal (250 000 – 38 000 avant notre ère). Ces derniers sont façonnés non seulement au départ de galets de quartz et de quartzite locaux, mais encore et de plus en plus en silex de bonne qualité d'origine lointaine, ce qui illustre à nouveau l'importance et l'extension de la mobilité saisonnière.

L'apparition de l'*homo sapiens sapiens* avant le dernier Pléniglaciaire, marque le début du Paléolithique supérieur (38 000 à 11 500 avant notre ère). Les fouilles déjà anciennes des grottes-diaclases d'Œtrange ont révélé un site typique du plateau gréseux luxembourgeois. Elles ont livré des milliers de restes osseux d'animaux de l'époque glaciaire auxquels sont associés quelques instruments lithiques d'origine anthropique. Ces vestiges furent entraînés par l'érosion dans les diaclases situées en bordure du plateau gréseux. Les plus anciens éléments de parure trouvés au Luxembourg, des craches de cerf perforées, proviennent du même site.

Au début de l'Holocène (vers 11 500 avant notre ère), le réchauffement croissant et l'extension de la forêt entraînèrent la disparition de la faune steppique (renne et cheval sauvage) qui fut remplacée par des animaux forestiers comme le cerf, le chevreuil, le sanglier ou l'aurochs. Ces animaux étaient chassés à l'arc, désormais largement répandu et dont les flèches étaient armées de pointes lithiques de plus en plus fines. Les vestiges d'occupation de cette époque, dite Age de la Pierre moyen ou Mésolithique, sont présents sur l'ensemble du territoire, par exemple à Berdorf où un abri-sous-roche a livré les vestiges archéologiques de foyers construits en pierres. Une tombe à incinération (date C_{14} calibrée : 7 050 – 6 685 avant notre ère) et une tombe à inhumation (date C_{14} calibrée : 6 210 – 5 920 avant notre ère), découvertes en 1935 sous le surplomb rocheux du Loschbour près de Reuland, ont livré les plus anciens restes humains connus sur le territoire du Luxembourg actuel.

La chasse et la cueillette avaient constitué jusque-là les bases économiques de l'existence humaine en Europe centrale. Le début du Néolithique (5 200 – 2 000 avant notre ère) se définit par l'avènement d'une économie de production où l'agriculture et l'élevage sont associés à une vie sédentaire et à la construction de maisons, à la poterie et au polissage de la pierre. Les décors caractéristiques des poteries permettent d'attribuer celles-ci à deux grandes cultures d'Europe centrale : la Céramique rubanée et le Rössen. Première culture néolithique d'Europe centrale, la Céramique rubanée, passant par le système fluvial du Danube, du Main, du Neckar, du Rhin ainsi que de la Meuse et de la Moselle, arriva finalement en Bassin parisien. La Céramique rubanée de la région luxembourgeoise comporte aussi quelques poteries dont la technique de fabrication et le décor évoquent la rencontre des traditions « danubiennes » et « méditerranéennes ».

Les années 1990 virent la découverte d'un site typique de la civilisation à Céramique rubanée (5 200 – 4 900 avant notre ère) aux environs de Schengen. Les quelque vingt structures d'habitat mises au jour mesuraient de 9,5 à 27 m de long pour 5 à 7 m de large. Les vestiges d'une clôture, conservée sur une longueur de 21 m, suggèrent la pratique de l'élevage. Les décors des poteries appartiennent au moins à six phases chronologiques de la Céramique rubanée.

La culture de Rössen (4 900 – 4 300 avant notre ère) est également attestée sur le sol luxembourgeois. La grotte-diaclase de « Karelslé », près de Waldbillig, a livré des vases à panse globulaire décorés de chevrons, des faucilles, des meules et d'autres trouvailles alors que le site pouvait difficilement servir d'habitat. Il doit plutôt s'agir d'un site de stockage de réserves alimentaires où l'on a peut-être fumé de la viande ou grillé des céréales. De nombreux coquillages (*dentalium vulgare*), importés de l'Atlantique ou de la Méditerranée, illustrent les liens culturels avec des régions lointaines, caractéristiques du Néolithique.

Le site d'Altwies date de la fin du Néolithique. Il comporte deux sépultures à inhumation dont l'une est une inhumation double d'une femme adulte tenant un bébé dans les bras (date C_{14} calibrée : 2 430 – 2 210 avant notre ère). Cette trouvaille est caractéristique du rite funéraire de la culture des Gobelets campaniformes (2 450 – 2 000 avant notre ère).

CHAPITRE II

Les Trévires

Les Celtes n'étaient pas un peuple homogène, ne constituaient pas plus une unité politique et n'avaient aucune idée d'une identité commune. Pourtant, les populations celtiques, répandues de l'Irlande à l'Anatolie, étaient apparentées du point de vue culturel et linguistique. Le peuple des Trévires, célébré par César pendant son expédition, était installé entre le Rhin et la Meuse. Depuis le tournant du IIe au Ier siècle avant notre ère, six centres urbains fortifiés indiquent un développement important. Ces sites, connus sous le nom d'*oppida*, étaient répartis sur les plateaux de l'Ardenne et du Hunsrück.

Parmi ceux-ci, l'oppidum du Titelberg, dont les noms celtique et romain restent inconnus, est implanté sur le territoire du Luxembourg actuel. Ce haut plateau est situé dans la région à minette (minerai de fer), 130 m au-dessus de la vallée de la Chiers, près de la ligne de partage des eaux qui sépare les bassins du Rhin et de la Meuse. Le réseau routier sud-nord y butait sur les contreforts des Ardennes pour obliquer ensuite soit vers l'Est, en longeant la vallée de la Moselle jusqu'au Rhin, soit vers l'Ouest en direction de la Champagne et des rivages de la mer du Nord. Des versants abrupts défendent naturellement le site installé sur le plateau. Ce dernier était encore protégé par un rempart massif muni d'une porte monumentale du côté Est où l'accès à partir du plateau adjacent est le plus aisé. Les archéologues y distinguent cinq phases de construction, dont la quatrième illustre le type du *murus gallicus* (mur de terre à parements de pierres renforcé par un poutrage interne en bois) décrit par César. Les remparts des deux dernières phases de construction entourent une surface intérieure de 43 ha. Il s'agit par conséquent du troisième plus grand oppidum trévire, après ceux du Donnersberg et du Martberg, sur la basse Moselle. Fours et scories y indiquent un travail intensif du bronze et du fer. Si l'archéologie y documente des ateliers de potier et un atelier monétaire, on n'y trouve pas de bâtiments à fonction agricole. On identifie donc le Titelberg comme le centre de production artisanale et de commerce à longue distance des Trévires. Un tiers des innombrables monnaies recueillies sur le site provenait de trente peuples différents répartis dans tout l'ouest et le sud de la Gaule, tandis que les monnaies trévires émises au Titelberg arrivaient jusqu'au Rhin moyen. Les armes, les outils en fer et les chevaux furent sans doute les principaux biens exportés : à la différence du cas d'autres ethnies celtiques, les os de chevaux manquaient dans les fosses-dépotoirs. Des représentations de suidés sous forme d'offrandes en bronze furent mises au jour dès le XIXe siècle et vendues au Louvre, à Paris. De la céramique importée, par exemple des amphores, des vases en terre cuite campaniens et de la vaisselle en bronze d'Etrurie attestent des liens commerciaux avec les Romains avant la conquête de la Gaule, ce qui fait du Titelberg une exception par rapport aux autres oppida trévires.

A l'Est du plateau, un fossé large et profond sépare un espace sacré de 10 ha du reste du site. Son remplissage a livré des boucliers miniatures, des centaines de fibules, des dizaines de milliers d'ossements d'animaux et quelque dix crânes humains. Nous devons renoncer à savoir si l'on y pratiquait des sacrifices humains ou bien si le guerrier qui arrivait le dernier au rassemblement était puni de mort. Dans cet espace non bâti, il y eut très tôt des palissades formant des corridors, telles qu'on les trouve dans les installations de vote de l'aire méditerranéenne. Une halle monumentale devant laquelle s'élevait un autel pour les sacrifices y fut construite vers le milieu du Ier siècle avant notre ère. Cet espace servait aussi de marché. Ces trouvailles, la planification de l'ensemble du site, le monnayage d'or, d'argent et de potin (un alliage à base de cuivre) et, depuis la conquête romaine, les monnaies en bronze – qui, à en juger par leur valeur limitée, exigeaient une garantie politique pour être reconnues comme moyen d'échange –, montrent que le Titelberg n'était pas seulement un centre économique, mais aussi un centre politique et religieux, pour ainsi dire la capitale des Trévires.

Les maisons de paysans et les palais de l'élite manquaient sur le Titelberg comme dans la plupart des oppida et le cimetière de Lamadeleine au pied de l'oppidum ne livre pas plus d'indications sur ces couches sociales: on peut en déduire que l'élite habitait au voisinage des sépultures fouillées dans les environs. C'est là aussi que devaient se trouver les cabanes des paysans construites en matériaux périssables. Leurs habitants devaient livrer la récolte au maître qui la déposait alors dans le centre urbain du Titelberg, dont il contrôlait aussi la production de fer ainsi que la planification du site et du mur d'enceinte.

Dans un cercle de 20 km autour du Titelberg, les archéologues ont découvert des tombes appartenant à l'élite à Pétange, Clemency, Goeblange et Nospelt. Entre 80 et 60 avant notre ère, à Clemency, un noble enveloppé dans une peau d'ours puis incinéré fut déposé dans une des plus grandes chambres funéraires celtiques (4,3 × 4,2 m) en bois de chêne découvertes à ce jour. Sur le tertre funéraire, les vivants avaient installé un tube d'argile, fragment d'une cheminée de fourneau destiné à la fonte du fer, qui permettait sans doute de verser des libations dans la tombe mais symbolisait également le rôle du défunt comme maître de forges. Ici aussi dix amphores et un bassin en bronze italique attestent des contacts précoces avec les Romains, tandis qu'à Goeblange, des bûchers, des restes de banquets et les tessons d'au moins 20 amphores, qui contenaient ensemble plus de 400 litres de vin, permettent l'étude détaillée des rites funéraires de la culture de La Tène tardive (Ier siècle avant notre ère). Vingt-neuf fosses plus récentes contenant des restes fauniques brûlés témoignent d'un culte funéraire qui fut pratiqué longtemps encore. On observe le même trait dans le cas des tombes de Goeblange où, sur la tombe d'un noble inhumé entre 20 et 15 avant notre ère, on a pratiqué des sacrifices d'animaux jusqu'au IIe siècle de notre ère; on y a également déposé des monnaies ainsi que deux figurines de matrone.

La succession chronologique des tombes de Clemency et de Goeblange donne des indications précises sur l'acculturation progressive de l'élite trévire: tandis que la tombe la plus ancienne de Clemency et les deux premières de Goeblange contenaient à peu près exclusivement des poteries celtiques et que les vases importés ne doivent être considérés que comme des signes du luxe de la noblesse trévire, au cours des générations suivantes, le nombre des formes imitées de la céramique romaine augmente de manière considérable. Des assiettes et des plats en terre sigillée rouge – la belle vaisselle de table rouge brillante des Romains – et le service en bronze pour la consommation du vin ne témoignent pas seulement d'importations, entre autres d'Arezzo et de Gaule méridionale, mais aussi de l'adoption de nouveaux usages culinaires. Bien que toutes les tombes aient contenu des armes, en particulier des éperons, courants pour les aristocrates cavaliers celtes, le *gladius* (épée) romain trouvé dans la tombe de l'homme inhumé entre 30 et 20 avant notre ère à Goeblange montre qu'après la conquête romaine, les membres de l'élite trévire furent intégrés très tôt dans l'armée romaine. La tombe la plus récente, datée vers 20 avant notre ère, ne contenait plus de matériel gaulois à l'exception de deux seaux en bois d'if cerclés de bronze et d'un bassin. De même, le passage rapide (entre 50 et 30 avant notre ère) au triple monnayage romain en or, argent et bronze, témoigne d'une coopération étroite avec les nouveaux maîtres. Néanmoins, en conformité avec la tradition gauloise, les tombes ultérieures contiennent encore de riches offrandes qui témoignent de la position sociale du défunt, tandis que l'extérieur de la tombe se présente comme un tertre peu visible. Les tombes, les rites d'inhumation et le culte funéraire révèlent qu'à l'égard des morts au moins, l'acculturation n'était pas complète et que, jusqu'au IIe siècle de notre ère, les coutumes romaines ne l'avaient pas complètement emporté. Nous conclurons donc à un passage progressif au mode de vie romain, au moins dans le cas de l'élite trévire. Il ne peut être question de choc culturel dans le cas d'un peuple qui entretenait déjà des liens commerciaux avec les Romains bien avant la conquête de César.

La quantité et la qualité des découvertes archéologiques sur et autour du Titelberg, les nombreuses tombes de l'élite réparties dans la campagne environnante, les contacts précoces avec les Romains, disent la prédominance, en pays trévire, de l'oppidum du Titelberg sur les autres installations de ce genre où les mêmes caractéristiques ne sont pas attestées.

Aussitôt après la conquête romaine, un centre administratif avec une garnison fonctionna pendant deux décennies dans la partie Ouest du plateau du Titelberg. La fonction commerciale du Titelberg n'en pâtit guère, mais comme le site était à l'écart du réseau routier augustéen, d'autres centres urbains nouvellement fondés, principalement Trèves, prirent le dessus vers la fin du Ier siècle avant notre ère La révolte des Trévires, en 30/29 avant notre ère, ne fut sans doute pas étrangère à ce développement.

CHAPITRE III

La «paix» gallo-romaine

Sur ordre d'Octavien, le futur empereur Auguste, le gouverneur Agrippa créa un nouveau réseau routier qui, partant de Lyon, s'étendit en éventail sur toute la Gaule. La route de Lyon au Rhin inférieur donna l'impulsion à la fondation du nouveau centre politique de la *Civitas Treverorum*, à l'abri des crues, sur la rive droite d'un méandre de la Moselle. Trèves devait être une importante base de ravitaillement pour les légions concentrées sur le Rhin en vue de la conquête de la Germanie. Le réseau des rues d'*Augusta Treverorum* s'alignait sur l'axe d'un pont de bois construit en 17 avant notre ère, sur lequel passait la grand-route vers le Rhin inférieur. Sur les routes qui, reprenant en général d'anciennes voies, menaient à Trèves, se développèrent plusieurs petites villes, que nous pouvons considérer comme des villes-étapes, des sites artisanaux et des marchés pour les paysans des environs de la grande ville de Trèves. Arlon (*Orolaunum*), Mamer (*Mambra*) et Niederanven (*Andethana*) se trouvaient sur la route Reims-Trèves construite au début du Ier siècle de notre ère. Dalheim (dont l'identification avec le *Ricciaco* de la Table de Peutinger – une carte du réseau routier romain tardif – n'est assurée que depuis 2008 grâce à une nouvelle découverte), sur la route Lyon-Metz-Trèves, dut être une des principales petites villes du nord-est de la Gaule, située directement dans l'espace d'approvisionnement de la ville de Trèves. Une *mansio* (auberge) permettait de prendre du repos et de changer de cheval avant qu'une journée de voyage mène à Trèves, en passant soit par Wasserbillig sur la rive gauche de la Moselle, soit par la rive droite, en empruntant à Stadtbredimus le pont construit en

122 avant notre ère et renouvelé en 56 de notre ère. Un autre *vicus* (agglomération), Altrier, se trouvait sur la voie qui menait de Niederanven à Bitburg (*Beda*) sur la route Trèves-Cologne. Une route, qui reliait directement Reims à Cologne, traversait les Ardennes, ainsi qu'un axe de circulation menant de Metz à Tongres en passant par le Titelberg et Arlon. Pour ce qui est du transport des marchandises, on se gardera de sous-estimer la Moselle, encore célébrée par le poète Ausone au IVe siècle de notre ère.

Fondé peu avant le début de notre ère, le relais routier de Ricciacum était habité entre autres par des soldats et des immigrés d'Europe méridionale, ainsi que l'attestent des pièces d'équipement militaire et des graffitis qui nous livrent des noms propres italiques. Le site fut détruit au cours de la répression de la révolte des Bataves et des Trévires en 69/70 de notre ère. mais fut encore reconstruit avant la fin du Ier siècle avec un réseau de rues orthogonal. La rue principale fut élargie et munie d'un portique (promenoir); les nouvelles maisons furent construites en pierres. Cette ville devait ressembler à une petite cité méditerranéenne. Les fouilles archéologiques y documentent d'intenses activités artisanales; le commerce jouait certainement aussi un rôle important. C'est ce que confirment les nombreuses statuettes de Minerve et de Mercure trouvées dans le sanctuaire, car Mercure était le dieu des commerçants et Minerve la déesse protectrice des artisans. Jupiter, Junon, Minerve – la «triade capitoline» – et Mercure témoignent aussi de la présence d'immigrés italiques, tandis que de leur côté, Epona et Intarabus Mars illustrent le culte de divinités syncrétiques locales. Le culte d'Epona, largement répandu sur le territoire des Trévires, est typique du processus d'acculturation dans le domaine religieux: les Romains, qui n'honoraient que des divinités anthropomorphes, affublèrent d'une forme féminine portant une corbeille de fruits sur les genoux le cheval que les Celtes honoraient comme une divinité. Cet animal, dont l'élevage constitua une des principales sources de revenu de la population indigène longtemps encore après la conquête romaine, était aussi le symbole de l'aristocratie. Epona est une divinité protectrice et de la fertilité.

Après le tournant du IIe siècle, la ville de Dalheim connut un important apport de population. Outre de nombreux bâtiments civils, parmi lesquels des thermes, on y construisit des *fana* ou temples à déambulatoire dédiés à deux divinités inconnues. Le théâtre qui existait déjà fut agrandi pour contenir 3 500 places. Cette ville cumula donc des fonctions centrales religieuses, culturelles, économiques et sans doute aussi administratives; comme Bitburg, elle servit sans doute de capitale à un *pagus* (unité territoriale rurale). Il faut en effet supposer un développement similaire à Bitburg, à Arlon – où en plus des thermes, d'une basilique et d'un théâtre (ou cirque) sont attestés des ateliers de bronziers, de tanneurs, de teinturiers, de tourneurs, de vanniers, de fabricants d'instruments en os ainsi que de fabricants de tablettes de cire pour l'écriture et trois cimetières – et peut-être à Mamer, où on a découvert des thermes et une briqueterie. De spacieuses installations de bains témoignent de l'adoption du mode de vie romain dans ces petites villes.

La plus grande partie de la population habitait cependant la campagne, dans des fermes dispersées, très nombreuses surtout dans le Gutland, au sud des Ardennes et de l'Eifel. Les prospections archéologiques dénombrent plusieurs milliers de fermes sur le territoire de la *Civitas Treverorum*. Signes du bien-être croissant, ces *villae rusticae* sont désormais construites entièrement en pierres ou à colombages et couvertes de tuiles. Deux avant-corps encadraient d'ordinaire le portique de la façade. Le grand espace intérieur était divisé en pièces plus petites dont au moins une pouvait être chauffée grâce à un hypocauste (chauffage dans le sol). La *villa rustica* représente ainsi un mélange d'éléments architecturaux celtiques et romains. Les domaines étaient administrés par les descendants des vieilles familles de paysans trévires. Dans la *Civitas Treverorum*, les esclaves sont rarement mentionnés par les inscriptions. Plusieurs reliefs représentant une sorte de moissonneuse, poussée en avant par une mule, améliorent notre connaissance des techniques agricoles. Par ses innovations techniques, cette machine témoigne de l'intention d'accroître la productivité. On peut en dire autant de la charrue en fer reprise aux Romains et du collier de trait. Pendant à peu près deux siècles, les paysans purent échanger les surplus de leur production dans des localités centrales comme Dalheim où ceux-ci étaient achetés par des édiles de Trèves, notamment pour les besoins énormes des armées romaines du

Rhin. On peut y ajouter les avantages offerts par des plantes récemment introduites telles que la vigne, le cerisier, le prunier et le pêcher, le noyer et l'oignon, dont on a retrouvé les graines, noyaux et pépins dans les fosses-dépotoirs. La fabrication du vin est documentée par de nombreux reliefs funéraires comme par la découverte de caves antiques dans les vignobles.

Les razzias germaniques ont largement épargné le pays trévire jusqu'en 260 ou 275. Ce fut surtout l'élite économique, sociale, militaire et politique des anciens propriétaires fonciers trévires, dominante dans la *civitas*, qui profita de cette longue période de paix. A cet égard, nous connaissons la famille des Secundini, des marchands de tissu qui érigèrent à Igel un monument funéraire pérenne. Les inscriptions indiquent la présence de marchands trévires jusqu'en Dacie, en Aquitaine et en (Grande-)Bretagne.

Dans un cercle d'environ 40 km autour de Trèves, surtout à l'ouest, on a découvert une cinquantaine de villas luxueuses pourvues de pavements en mosaïques romaines, comme à Nennig (où ces mosaïques datées de la fin du IIe et du début du IIIe siècle représentent des combats de gladiateurs) et à Vichten (Homère et les neuf Muses, milieu du IIIe siècle). La fouille de cette dernière villa a également livré de grands fragments des fresques murales. Les programmes iconographiques montrent une réception intensive de la mythologie gréco-romaine tant par les commanditaires que par les artistes. L'ensemble de l'installation, bâti avant que Trèves ne devienne résidence impériale, doit avoir appartenu à une famille haut placée. La noblesse sénatoriale qui régnait sur Trèves est probablement issue de cette couche sociale. Quelques reliefs funéraires témoignent aussi de la vie quotidienne et de l'organisation intérieure de diverses *villae*.

A Echternach, les fouilles ont mis au jour la *villa* avec *pars urbana* qui est certainement la plus ancienne et est dotée d'un espace résidentiel représentatif. Son bâtiment principal de 8 928 m^2 en fait une des plus grandes au Nord des Alpes. Elle comportait une cour (ou *pars rustica*) avec des bâtiments économiques qui s'étendait sur dix hectares. Cette *villa* reprenait le type de construction rectangulaire avec portique en façade et avant-corps aux angles; le péristyle (cour intérieure entourée de colonnes), les lambris de marbre, les fresques murales et les sols en mosaïques ainsi qu'une pièce d'eau monumentale trahissent de fortes influences romaines. Comme elle avait été manifestement conçue par un architecte méditerranéen peu accoutumé aux conditions climatiques locales, il fallut agrandir plusieurs hypocaustes dès la deuxième phase de construction. La *villa* d'Echternach construite peu auparavant ne fut pas détruite lors du soulèvement de l'an 70. Il pourrait s'agir d'un cadeau de l'Etat romain à un prince trévire dont la loyauté fut ainsi achetée ou qui, de son côté, dut s'enfuir, comme beaucoup de sénateurs de Trèves. Le nom d'*Epternus* donné par une inscription suggère que le propriétaire de la *villa* élevait des chevaux. Son tombeau se dressait sur l'axe médian de la construction, sur une butte où fut érigée plus tard l'église paroissiale.

Après une attaque des Germains en 275, on construisit une fortification sur cette butte, un *burgus* où une garnison contrôlait le franchissement de la Sûre, tandis que la *villa* servait désormais de grenier à blé d'Etat. A l'époque romaine tardive, on trouve aussi un *burgus* de ce genre à Bitburg, à Dalheim, à Arlon où il est entouré de murailles, ainsi que sur le rocher du Bock, sur le territoire où s'étendra plus tard la ville de Luxembourg. Après les invasions germaniques, ces sites furent systématiquement reconstruits jusque dans la seconde moitié du ve siècle, ce qu'ils doivent certainement à la proximité de Trèves qui devait toujours tirer son approvisionnement de l'arrière-pays, même si ce n'était déjà plus une résidence impériale.

On ne parvient que rarement à identifier les propriétaires de ces somptueuses *villae*. Sur la base du monument funéraire voisin, la *villa* de Mersch doit être assignée à un chevalier, stationné dans la province de Germanie inférieure à titre de commandant des troupes auxiliaires et qui, après sa carrière militaire, passa sa retraite sans doute dans sa province natale, comme prêtre du culte impérial municipal et de Lenus Mars, une grande divinité trévire romanisée. Le monument funéraire de Mersch, orné de vignes et dont l'inscription retrace la carrière du défunt, représente le point final du développement des monuments funéraires gallo-romains dérivés des monuments celtiques tardifs de Clemency et de Goeblange.

La tombe de Hellange occupe une position intermédiaire: selon la mode romaine, on n'y a trouvé qu'un mobilier réduit au minimum mais où, comme dans les tombes celtiques, une pièce documente la carrière de ce sous-officier mort vers 40 de notre ère, à savoir un casque d'apparat. Les tombes plus tardives, comme celle de Mersch (au plus tôt vers 130 de notre ère) ou d'Igel (première moitié du IIIe siècle) sur laquelle un marchand de drap et grand propriétaire terrien a fait représenter sa biographie en images, ne contenaient quasi plus de mobilier, mais étaient, à la différence des tombes celtiques, très luxueuses du point de vue architectural. Elles témoignent de l'adoption des traditions romaines qui, entre-temps, avaient amplement progressé, au moins parmi les élites. Le haut mausolée de Bertrange (première moitié du Ier siècle) décoré d'une scène de combat équestre, n'a pas encore fait l'objet d'une attribution définitive.

Enfin, la langue de l'immigration, même si le mouvement fut limité, montre une ample romanisation mais qui n'avait pas pénétré complètement tous les domaines de la vie ; cette langue assura aussi la survie d'éléments gaulois. En effet, les Gaulois parlaient latin, ce qui était important surtout pour les classes supérieure et moyenne, mais avec un fort accent. Après la superposition d'une strate linguistique germanique, du latin parlé en Gaule sortit la langue propre de la *Romania*, à savoir le français. Quelques traits linguistiques trévires furent repris dans cette nouvelle langue mais aussi des réalités dénotées dans cette langue et inconnues des Romains, par exemple, *barque*, *char*, *lance*, *lieue*.

Sur la base de traits de civilisation tels que la religion, l'architecture, les sépultures et la langue, on aurait tort de parler d'une romanisation unilatérale du territoire trévire. Le concept d'acculturation gallo-romaine semble décrire plus adéquatement l'échange culturel qui eut lieu entre les deux ensembles de populations.

L'époque mérovingienne connut un processus d'acculturation similaire entre la population gallo-romaine et les conquérants francs. De cette époque, nous n'avons pourtant conservé que peu de bâtiments (tours fortifiées, par exemple à Bertrange) à l'intérieur de champs de ruines romains, et quelques sarcophages garnis de riches offrandes. Les variantes régionales de cette transformation culturelle sont largement inexplorées. Désormais, la frontière linguistique romano-germanique va traverser la Grande Région du nord au sud, tandis que la langue germanique occidentale accueillera de nombreux mots latins, précisément dans les domaines où ce transfert culturel fut le plus intense.

Dans la région qui s'étend au nord de Metz et à l'ouest de Trèves jusqu'à la Meuse, aucune ville ne permet de supposer une continuité de l'habitat de l'Antiquité au Moyen Age. C'est pourquoi cette région resta jusqu'au XIXe siècle dépourvue de siège épiscopal. Il reste que les villes médiévales se fixèrent souvent sur des vestiges d'habitats gallo-romains.

CHAPITRE IV

Les débuts de la christianisation et la fondation de l'abbaye d'Echternach

La phase tardive du *vicus* gallo-romain de Dalheim a livré une bague à décor chrétien du IVe siècle ainsi que des tombes à inhumation, alors qu'on attribue d'ordinaire les débuts du christianisme dans le Luxembourg actuel à l'activité missionnaire du moine anglo-saxon Willibrord, vers la fin du VIIe siècle. Les sarcophages paléochrétiens de Diekirch et une fibule en croix d'Echternach datent aussi du VIIe siècle. Trèves peut au contraire faire état d'une série d'évêques presque ininterrompue depuis le IIIe siècle et constitue également, sous l'empereur Constantin (306-337) et sa mère Hélène, un premier centre de religion chrétienne et d'organisation ecclésiastique. Lorsque vers 690, Willibrord, originaire de Northumbrie, se mit en route avec onze moines irlandais pour convertir les Frisons, il n'était ni le premier ni le seul moine anglo-saxon à partir en *peregrinatio* (pèlerinage). Pourtant, à la différence de ses prédécesseurs, il ne se rendit ni chez le roi des Frisons ni chez le roi des Francs, mais chez le maire du palais de celui-ci, Pépin II, l'homme fort du royaume mérovingien, qui avait conquis la Frise et en salua favorablement la christianisation dans l'idée que cela conforterait son emprise. En 692, Willibrord fit confirmer son ordre de mission par le pape Sergius et en 695, le pape le consacra archevêque selon les vœux de Pépin. D'après la tradition irlandaise, Pépin lui offrit, en 714, une cathédrale associée à un monastère à Utrecht ainsi qu'un autre monastère à Susteren, sur la Meuse. Les églises de Willibrord furent détruites lors du soulèvement des Frisons, après la mort de Pépin. En 719, il retourna en Frise, cette fois sous la protection de Charles Martel à qui il doit avoir déjà fait hommage avant que celui-ci ne sorte victorieux de la guerre de succession du royaume franc.

Comment Willibrord arriva-t-il à Echternach, au cœur de l'Austrasie contrôlée par les Pippinides, n'est pas la seule question en suspens dans ce contexte. Qui a construit le monastère offert par Irmine à Willibrord en 697 ou 698 ? Ou bien y avait-il deux monastères ? Quelle partie de son domaine devait-il à l'abbesse Irmine d'Oeren près de Trèves et quelle autre à Pépin II et son épouse Plectrude? Cette donation lui fut-elle faite en 704 ou plutôt en 699 ? Irmine et Plectrude étaient-elles apparentées? Quelle continuité peut-on envisager entre la *villa Epternacus* transférée en propriété à Willibrord et la villa romaine de *Schwaarzuecht* dotée d'un tertre funéraire au bord de la Sûre, propriété d'Etat romaine qui, au VIe siècle, passa aux mains de la noblesse mérovingienne?

Si bien des points restent obscurs, il est cependant clair que, dès le temps de Willibrord, les Pippinides renforcèrent leur pouvoir en s'appuyant sur des liens étroits avec l'Eglise et en particulier avec le pape. C'est à ces relations qu'il faut ramener tant les origines du système féodal que le système de l'église privée [*Eigenkirche*] carolingienne. Willibrord était en quelque sorte un fidèle des Pippinides et l'abbaye d'Echternach était leur monastère privé. Willibrord avait mis le monastère sous la protection de ceux-ci; en retour, Pépin et Plectrude décidèrent que l'abbé, librement choisi par les moines, devait leur jurer fidélité ainsi qu'à leurs successeurs.

L'abbaye d'Echternach se rendit célèbre par son scriptorium où les moines recopièrent des textes dès le premier quart du VIIIe siècle et où, outre des documents officiels, ils produisirent des manuscrits enluminés de première qualité. Il est très probable que Willibrord ait apporté des îles Britanniques le plus ancien évangile qui comportait, au début du texte de Matthieu, une *Imago hominis* («figure humaine», symbole de cet évangéliste). Un décor d'entrelacs provenant des îles Britanniques, apparenté à celui de l'évangéliaire et qui souvent remplissait aussi les lettrines, fut lui-même copié pour orner l'ambon (tribune pour la lecture) en pierre de l'église. Une génération plus tard, lorsque fut réalisé l'évangéliaire de Trèves, le copiste avait certainement sous les yeux celui de Willibrord, ce que l'aspect du cadre et le ductus de l'écriture des termes «*Imago hominis*» permettent de reconnaître sans difficulté. Pourtant, la nouvelle représentation réaliste de l'homme au centre de l'image montre soit que les influences (sur le contenu, l'orthographe, la paléographie et l'ornementation) ne sont plus seulement insulaires mais aussi méditerranéennes, soit que des moines venus d'Europe méridionale habitaient à présent le monastère et travaillaient dans le scriptorium au côté des anglo-saxons.

Les manuscrits latins d'Echternach se caractérisent encore par des annotations en langue vernaculaire que les moines traçaient sur le parchemin au moyen d'un style. Ces gloses en vieux haut allemand appartiennent en fait aux plus anciens témoignages écrits en allemand et peuvent être plus précisément assignés à l'aire linguistique du francique mosellan. D'autres gloses, en vieil anglais, montrent en outre que des missionnaires anglo-saxons y étaient également actifs et donnent un exemple de plus du caractère multiculturel du monastère. Autre point important du point de vue de l'histoire culturelle: le christianisme amené des îles Britanniques à Echternach rayonna grâce aux missions envoyées de là vers d'autres régions du continent (Frise et Thuringe). L'abbaye apporta donc une contribution importante à la genèse de l'Occident chrétien.

Willibrord mourut en 739 à Echternach et un culte de ce saint se développa bientôt sur sa tombe. Entre 698 et 805, on connaît plus de cent donations à l'abbaye. En 751, on signale pour la première fois que Willibrord était vénéré comme saint à Rindern, sur le Rhin inférieur, et en 757/758 c'est le cas à Echternach. Son culte se développa donc dès ses premiers successeurs: Adalbert (739-777) fit élever ses reliques sur l'autel, tandis que l'afflux croissant des pèlerins et l'augmentation des donations permirent à Beornrad (777-797) de mettre en chantier une église de pélerinage à trois nefs. Tous deux étaient anglo-saxons et tout comme Alcuin († 804), premier biographe de Willibrord, précepteur et conseiller de Charlemagne, des parents de ce dernier. Dans la *Vita* de Willibrord, rédigée vers 796, Alcuin prend la défense d'Echternach contre Utrecht comme dernière demeure du saint et chante par la même occasion les louanges des Pippinides, c'est-à-dire des Carolingiens. Alcuin relate des miracles qui se produisirent sur la tombe de Willibrord, qu'il s'agisse de guérisons de paralytiques et d'épileptiques ou bien de libérations de condamnés, de prisonniers de guerre et d'esclaves. Dans sa *Vita* rédigée vers 1100, Theotfrid parle aussi de chaînes en fer, de béquilles et de prothèses suspendues en ex-voto dans la vieille église d'Echternach. Il mentionne également une *Vie* de Willibrord en langue celtique mais celle-ci ne nous est pas parvenue.

Le scriptorium d'Echternach connut une renaissance au XIe siècle. De nombreux manuscrits – parmi lesquels le *Codex aureus Epternacensis*, conservé à Nuremberg – furent ornés d'enluminures de très haute qualité. D'aucuns étaient destinés à la cour royale. Une nouvelle église de pèlerinage, plus grande, fut consacrée en 1031. La plus ancienne version de la légende des danseurs de Kölbigk remonte à cette époque ; elle n'est pas seulement racontée dans un manuscrit d'Echternach mais est peut-être née dans cette ville : c'est en tout cas une indication de l'ancienneté de la procession dansante d'Echternach qui existe encore de nos jours. A l'origine de celle-ci, il faut sans doute voir les danses d'allégresse consécutives à des guérisons et des libérations miraculeuses que Bernon de Reichenau, abbé de Prüm, caractérise déjà vers l'an 1000, par l'expression *magno tripudio* (« avec un grand transport de joie »).

CHAPITRE V

L'origine des comtes et les débuts du château-fort et de la ville de Luxembourg

Issue des partitions successives de l'empire carolingien, la Lotharingie, royaume de Lothaire II qui s'étendait entre la Bourgogne et la mer du Nord, ne fut pas seulement disputée entre les rois de Francie orientale et de Francie occidentale jusqu'au Xe siècle. Son histoire fut en outre marquée par les alliances changeantes de la noblesse avec l'un ou l'autre roi. En 925, le roi Henri Ier acheva de s'approprier la Francie orientale et donna sa fille Gerberge en mariage au duc de Lotharingie Gislebert. Mais en 939, Gislebert participa à une révolte contre le nouveau roi Otton Ier, fils d'Henri, et perdit la vie à cette occasion. En 953, pour contrôler le pays, Otton conféra le titre de duc à son frère Brunon, archevêque de Cologne. Celui-ci divisa la Lotharingie en deux: au nord, le vice-duc Godefroid de la maison d'Ardenne-Verdun régna en Basse-Lotharingie, le futur duché de Lothier/Brabant, tandis que le vice-duc Frédéric, de la maison d'Ardenne-Bar, fit régner l'ordre en Haute-Lotharingie, territoire qui ne correspondait pas tout à fait à celui du futur duché de Lorraine.

Dans cette région frontalière contestée entre Francie et Germanie, Sigefroid, de descendance ardennaise, obtient de l'archevêque Brunon l'autorisation d'échanger avec l'abbaye de Saint-Maximin (devant les murs de Trèves) des manses situés à Feulen contre un promontoire rocheux sur l'Alzette. Sigefroid, qui descendait des Carolingiens par sa mère Cunégonde, était – selon l'hypothèse la plus récente – fils du duc Gislebert. Ses parents de la famille d'Ardenne étaient ducs en Basse- et Haute-Lotharingie et en Bavière, comtes de Verdun, Bar et Salm, évêques à Metz, Reims, Laon, Verdun et Trèves; d'autres étaient liés par mariage avec les comtes de Namur, de Hainaut, de Louvain, de Flandre, de Dabo, de Grandpré et de Frise. En 964, Sigefroid acquiert en précaire de l'archevêque de Trèves une terre pour la construction de la Saarburg (château sur la Sarre). De 966 à 972, il accompagne l'empereur Otton Ier à Rome. En 982, il conduit des troupes auxiliaires en Italie pour aider Otton II dans sa campagne contre les Sarrasins, et en 983, il est envoyé en ambassade chez Hugues Capet, duc de Francie. En 985, il est fait prisonnier devant Verdun par Lothaire IV, roi de Francie occidentale qui, en tant que Carolingien, dispute à nouveau la Lotharingie à Otton III alors âgé de cinq ans. Ses liens étroits avec les Ottoniens décidèrent ceux-ci non seulement à lui consentir la construction d'un château-fort dans la région frontalière avec la France, mais aussi à installer ce fidèle dans le pays mosellan (près de Thionville) et en Bidgau (dans l'Eifel) avec le titre de comte doté du ban royal, chargé de lever l'impôt au nom du souverain, de rendre la justice et de commander l'armée.

Le *Lucilinburhuc*, le château qu'il fit construire entre 963 et 987 sur l'Alzette, dut lui servir de base pour l'exercice de ses fonctions comtales entre Moselle et Ardennes car, comme fils puîné, il ne disposait que d'un patrimoine héréditaire limité. Les avoueries des monastères impériaux de Saint-Maximin et d'Echternach eurent plus d'importance. En 973, dans le cadre de la réforme monastique ottonienne, il dut abandonner son rôle d'abbé laïc et rendre des terres usurpées. En 987, Sigefroid fit consacrer, dans la basse-cour de son château de Luxembourg, une église Saint-Sauveur, bâtie sur le modèle de Saint-Maximin; il lui fit don des nombreuses reliques, essentiellement de saints revérés par les Ottoniens, rassemblées pendant ses longues campagnes militaires dans la suite des Ottoniens. Peu après sa mort, Cunégonde, fille de Sigefroid, épousa en l'an 1000 le duc Henri de Bavière (973-1024), d'une branche collatérale des Ottoniens, couronné roi en 1002, empereur en 1014 et qui sera vénéré comme saint ainsi que son épouse.

L'emplacement choisi pour la construction du château de Luxembourg était avantageux sous de multiples aspects : au milieu du domaine de Weimerskirch qui appartenait à Saint-Maximin, sur la frontière qui séparait depuis peu la paroisse de Saint-Pierre-aux-Liens à Hollerich de la paroisse primitive de Saint-Martin à Weimerskirch, à la limite entre la vallée habitée et cultivée et la colline boisée et essartable. Ce château, éloigné du centre du domaine mais proche de l'ancienne route romaine Reims-Trèves, se situait à l'emplacement d'un *burgus* de l'Antiquité tardive, sur un éperon rocheux facile à défendre qui ne se transformait que vers l'ouest en plateau requérant une fortification artificielle. C'est là qu'allait s'élever bientôt l'église du Saint-Sauveur avec un autel dédié à saint Michel au premier étage de la tour défensive. Très vite, un marché s'étendit devant cette église munie de cinq autels richement aménagés, au croisement de la route romaine avec une voie préhistorique qui allait de Metz à Liège. Autour de ce marché s'installèrent les ministériaux du comte et plus tard des commerçants et des artisans. Au pied des deux routes montant vers la future ville haute, c'est-à-dire aux passages sur l'Alzette et la Pétrusse, Sigefroid avait déjà fait dédier des églises munies d'une tour fortifiée à deux autres saints ottoniens, saint Ulrich et saint Matthieu. On peut y voir un indice de l'accroissement démographique dans les « villes basses » du Grund et du Pfaffenthal, pour lesquelles une charte de 1083 mentionne aussi des moulins, des fours et la pêche.

En 1083, le comte Conrad Ier y fonda une abbaye bénédictine qui renforça la fonction ecclésiastique centrale du bourg castral. C'est là désormais que fut inhumée la dynastie comtale, alors que Sigefroid avait encore été enterré à Saint-Maximin. Par leurs prières, les moines devaient aussi veiller sur la mémoire des membres décédés de la maison comtale. Il se peut qu'ils aient également joué le rôle de scribes du château. En 1128, le pape Honorius II permit à vingt-six paroisses des environs de mener leur procession de bancroix du vendredi de la troisième semaine après Pâques non plus vers la cathédrale de Trèves, mais vers l'abbaye luxembourgeoise de Munster où une foire annuelle devait avoir lieu le jour de la procession. L'abbaye obtint aussi le monopole de l'enseignement pour la ville de Luxembourg.

Si le nom de Luxembourg est mentionné pour la première fois dans une charte de 963/987, Conrad Ier fut le premier comte qui, en 1083, se nomma comte de Luxembourg sur son sceau équestre inspiré de modèles français. Le château de Luxembourg était la résidence principale des comtes et leur fonction comtale, originellement concédée par le roi à titre viager, devint héréditaire. Conrad était marié avec la princesse française Clémence de Poitou : les comtes de Luxembourg furent donc de descendance française et germanique. Pour ses vains essais de conquérir l'archevêché de Trèves, Conrad dut faire amende honorable et partir en pèlerinage à Jérusalem, mais mourut pendant le voyage de retour, en 1086.

Au XIIe siècle, le quartier du vieux marché à Luxembourg s'était à ce point étendu vers l'Ouest qu'un (nouveau) marché vit le jour avec une église Saint-Nicolas fondée en 1166 par des habitants du bourg. Le lieu regroupait tant de fonctions centrales politico-administratives, économiques et cultu(r)elles que depuis lors on peut parler de ville. En 1175, le comte Henri IV de Namur et Luxembourg désigna pour la première fois les habitants sous le nom de *burgenses*. Le quartier des marchands, sur le plateau qui s'étendait à l'Ouest du château, dut être entouré de murs à la même époque. Le statut urbain ne devient vraiment tangible qu'en 1225, lorsque les termes de *burgus* ou d'*opidum* (*sic*) pour désigner Luxembourg apparaissent en doublets dans les sources.

CHAPITRE VI

L'ascension du comté de Luxembourg

Pendant la querelle des Welf et des Zähringen, le roi Frédéric Ier Barberousse chercha obstinément à fonder dans l'Ouest de l'Empire pauvre en fiscs royaux un grand marquisat, qui réunirait en une seule main les territoires de Hainaut, Namur, La Roche, Durbuy et Luxembourg. Baudouin V de Hainaut, un fidèle des Hohenstaufen, devait être marquis de Namur. Lors de la réorganisation prévue à l'Ouest de l'Empire, les hasards biologiques jouèrent en faveur de l'empereur : à la mort de son cousin, le comte Conrad II de Luxembourg – avec lequel s'éteignit la descendance de Sigefroid en lignée masculine –, le comte Henri Ier de Namur avait hérité du comté de Luxembourg ainsi que des avoueries supérieures des abbayes d'Echternach et de Saint-Maximin, parce que le roi allemand ne voulait pas que ce territoire fût inféodé au neveu de Conrad de la maison française de Grandpré. En 1139, du fait d'autres décès, les comtés de La Roche et Durbuy, l'avouerie supérieure de Stavelot-Malmedy et la seigneurie de Longwy, restés sans héritier direct, lui revinrent aussi. Des expéditions contre l'archevêché de Trèves et l'évêché de Liège n'amenèrent toutefois que des défaites ainsi qu'une révolte de ses vassaux de petite noblesse (1171). Comme il était resté lui-même sans enfants, Henri (IV selon le décompte luxembourgeois) désigna, en 1163, et à nouveau après être devenu aveugle en 1182/83, son neveu Baudouin V de Hainaut comme seul légataire de ses alleux et fiefs. Ce fut la genèse d'un grand ensemble territorial, ce que ses voisins, – le duc de Brabant, le comte de Flandre, peut-être l'évêque de Liège Raoul de Zähringen (neveu de Henri de Namur-Luxembourg), mais surtout Philippe de Heinsberg, qui ressuscita l'autorité ducale de l'archevêque de Cologne – ne voulurent pas accepter de but en blanc. Leur résistance s'accrut lorsqu'en 1184 l'empereur Hohenstaufen réunit ces territoires dans le marquisat de Namur qui s'étendait de la Meuse à l'Escaut et, au grand dam du Brabançon et du primat de Cologne, éleva Baudouin V à la dignité de prince d'Empire avec des compétences quasi ducales.

Ainsi le conflit pour l'héritage de Henri de Namur et Luxembourg participa-t-il à la querelle entre Barberousse et Philippe de Heinsberg. Ce dernier convainquit Henri l'Aveugle de reprendre chez lui sa troisième épouse, Agnès de Gueldre. Or, en 1186, elle engendra à cet homme de soixante-dix ans une fille du nom d'Ermesinde que le père, sous l'influence de Cologne, fiança aussitôt avec le comte Henri II de Champagne, de la famille royale française, ce qui ne pouvait être du goût de l'empereur. Lorsque ce comte mit le siège devant Namur, Baudouin V, nargué, prit le contrôle du comté mosan ; son oncle Henri l'Aveugle dut se retirer dans le comté de Luxembourg. Incapable de s'imposer, Henri quitta la Champagne pour la Terre Sainte où il épousa Isabelle, reine de Jérusalem. Comme Frédéric Barberousse mourut au cours de la même croisade (1190) et comme, en 1191, Baudouin avait aussi hérité de la Flandre, un nouveau centre de pouvoir se développa dans l'ouest de l'Empire.

A la mort de Henri l'Aveugle (1196), les fiefs d'Empire revinrent au roi Henri VI en vertu de la loi salique. Or, comme le Hennuyer avait pris parti contre les Hohenstaufen, le roi inféoda ces territoires à son propre frère Otton de Bourgogne. La mort précoce du roi Henri et du comte Baudouin V offrirent l'occasion au comte Thiébaut de Bar d'expulser à nouveau les Hohenstaufen de Lotharingie. Il négocia avec son suzerain Otton les comtés de Luxembourg, La Roche et Durbuy, épousa Ermesinde de Namur et Luxembourg qui avait dix ans et assiégea Namur. Par le traité de Dinant (1199), Baudouin VI/IX de Hainaut et de Flandre lui laissa tous les territoires du comté de Namur situés à l'est de la Meuse ainsi que tout le reste de l'héritage paternel d'Ermesinde pour l'intégrer à la ligue antifrançaise et anti-Hohenstaufen. A l'exception du comté de Luxembourg, Thiébaut et ses héritiers durent prendre ces territoires en fief du comte de Flandre contre versement d'une rente.

Sous Thiébaut, l'administration territoriale du comté de Luxembourg fut restructurée sur le modèle de celle de Bar : des prévôts avec rang de ministériaux révocables administrèrent désormais des parties du comté, assumèrent le commandement militaire au nom du comte, siégèrent au tribunal et levèrent les impôts dus au seigneur territorial. Ces nouvelles fonctions centrales élevèrent progressivement au rang de petites villes des chefs-lieux de prévôtés comme Arrancy, La Roche, Durbuy et plus tard Bitburg, Marville, Arlon, Thionville, Saint-Mard et Bastogne.

Trois mois à peine après la mort de Thiébaut (1214), la comtesse Ermesinde épousa Waléran III de Limbourg qui lui apporta en douaire le marquisat d'Arlon et constitua ainsi une unité territoriale de la Moselle à la Meuse, malgré l'échec d'une tentative de reconquête de Namur. Dans le contrat de mariage, Waléran dut jurer de respecter les coutumes du comté de Luxembourg et de laisser aux nobles, aux ministériaux et aux bourgeois les libertés qui leur avaient été accordées au temps de Henri IV.

Après la mort de Waléran (1226), Ermesinde reçut comme mambour le fils du même nom qu'il avait eu de son premier mariage, Waléran de Montjoie, mais semble avoir assez vite pris ses distances vis-à-vis de cette tête brûlée. D'autant qu'un interdit papal avait sanctionné l'offensive de ce dernier contre l'abbaye liégeoise de Stavelot-Malmedy, ce qui incita Ermesinde à opter pour une politique plus pacifique. Surtout dans le nord et l'est, elle parvint à s'attacher de nombreux petits nobles en leur accordant des fiefs à bail et en leur imposant le droit de gîte et le service de garde.

Echternach (en 1236) et Luxembourg (en 1244) obtinrent leur propre droit (urbain) fondé sur des franchises visiblement déjà accordées oralement par le passé. Les «chartes de franchise» montrent très bien le double intérêt du prince territorial et des bourgeois à ce que les habitants de la ville jouissent d'un statut plus libre. La liberté et la sécurité des personnes et des biens furent assurées les dernières; les villes furent érigées en circonscriptions juridiques indépendantes de la prévôté. Leurs habitants étaient personnellement libres ou le devenaient lors de leur établissement. Les justiciers étaient dorénavant librement élus par les bourgeois mais, comme les sept échevins, ils étaient nommés par le comte. Parmi les échevins connus, il y avait notamment à cette époque des ministériaux de la comtesse mais, jusqu'à la fin du XIIIe siècle, les échevins surent imposer la cooptation en cas de décès d'un confrère. En revanche, la charte de franchise intégrait la ville dans l'administration du territoire. Ce bourg castral était aussi un centre territorial : les bourgeois accroissaient les rentrées d'impôt, permettaient de disposer de forces administratives compétentes et veillaient à la défense du pays par le service militaire et plus tard par la construction et l'entretien des remparts. Une porte de ville orna dorénavant les sceaux des villes de Luxembourg et de Bitburg. La frappe de monnaies du comté de Luxembourg donna un nouvel essor au commerce.

La comtesse Ermesinde mourut en 1247 et fut inhumée à Clairefontaine, une abbaye de moniales cisterciennes, à la limite de son douaire d'Arlon. Il se peut qu'elle ait fondé ce monastère sur son lit de mort ; il fut construit par son fils Henri V et son épouse Marguerite de Bar qui en firent un nouveau centre pour perpétuer la mémoire dynastique de la maison de Luxembourg-Limbourg. Dès sa majorité (1235/36), Henri V participa au gouvernement de sa mère. Il poursuivit la politique de celle-ci par de nouveaux affranchissements ruraux et de nouvelles chartes de franchise pour Grevenmacher (1252) et pour les deux petites villes d'origine romaine de Bitburg et d'Arlon ; Thionville, encore très rurale, reçut en 1239, pour la première fois dans le comté de Luxembourg, une charte rédigée non en latin mais en français. Il racheta à sa sœur Catherine la prévôté de Thionville qu'elle avait apportée en dot lors de son mariage avec Matthieu II de Lorraine, ainsi que la dot de sa demi-sœur Isabelle, l'exclave de Poilvache sur la Meuse, partie luxembourgeoise du comté de Namur, et Marville-Arrancy dans le comté de Bar, douaire d'Ermesinde lors de son premier mariage. La seigneurie de Ligny-en-Barrois constituait la dot de son épouse.

Comme la dynastie avait réussi à assurer la succession d'Ermesinde dans les pays dépendant de Namur et à Luxembourg – ce que durent également reconnaître ses deux époux : tous deux s'en tinrent en effet au traité de Dinant et ne tentèrent pas de transmettre le territoire hérité de Luxembourg aux enfants de leurs premiers mariages –, son fils Henri v réunit pour la première fois dans une seule main le quadruple héritage de Luxembourg, La Roche, Durbuy et Arlon. Il exprima sa double descendance de Luxembourg et de Limbourg dans de nouvelles armoiries (lion de gueules couronné d'or [Limbourg], burelé d'argent et d'azur [Luxembourg]) qui sont aujourd'hui encore celles du Luxembourg. Il dut néanmoins céder Durbuy en apanage à son frère cadet Gérard. Quand Henri v se désigne pour la première fois comme *dominus terre* ou *souverains sires*, il est évident qu'une territorialisation de la souveraineté s'est produite sous son règne et celui de sa mère, donc dans les quatre-vingts premières années du XIIIe siècle. Inspiré par les deux époux d'Ermesinde et dans l'ombre de la querelle qui se déroulait à la tête du royaume, la loi salique fut transgressée et l'héritage féminin imposé pour la première fois dans un fief d'Empire. Avant bien d'autres territoires d'Empire, le comté de Luxembourg passa d'un statut féodal à celui de vraie principauté territoriale. Il manquait certes encore une chancellerie et une administration des finances mais il y avait déjà un conseil aulique et un justicier des chevaliers.

Pendant cette réorganisation du territoire, qui constituait désormais un ensemble cohérent de la Moselle à la Meuse et reposait encore en partie sur la transformation des fiefs en seigneuries allodiales (en 1264, le comte de Vianden dut rendre hommage au comte de Luxembourg), des ministériaux révocables – de condition non libre et souvent issus de la bourgeoisie urbaine – assistaient le prince territorial dans des parties du comté érigées en prévôtés, comme dans l'administration centrale. Un sénéchal sur le modèle limbourgeois, une sorte de gouverneur, est attesté pour la première fois en 1226. Cette équipe ministériale soutenait aussi la politique comtale par des initiatives propres telles que la fondation de monastères et couvents des nouveaux ordres religieux (cisterciennes à Bonneweg et Differdange, dominicains, franciscains et clarisses à Luxembourg, dominicaines à Marienthal, ermites de Saint-Augustin à Thionville, carmélites à Arlon, trinitaires à Bastogne et Vianden, Val-des-écoliers à Houffalize, croisiers à Yvoix, Suxy et Virton) que le seigneur plaçait sous sa protection et sa juridiction; dans la suite, en vertu du droit ecclésiastique, les droits d'avouerie ne sont plus attestés. A cette époque, Luxembourg l'emporta pour la première fois sur toutes les autres villes du pays du fait des fonctions centrales qu'elle rassemblait. Les bourgeois jouissaient de libertés personnelles et avaient conquis une autonomie administrative qu'ils entendirent élargir systématiquement au cours des décennies suivantes.

CHAPITRE VII

Le temps des Luxembourg en Europe

HENRI VII

Ermengarde de Limbourg, épouse de Renaud de Gueldre, mourut sans enfants en 1283 et, avec elle, disparut la dernière héritière du premier mariage de Waléran Ier de Limbourg. Il y avait de nombreux prétendants à la succession du duché de Limbourg, car celui-ci contrôlait des voies de circulation très fréquentées entre Cologne et la Flandre, comme la Meuse en aval de Liège. Adolphe de Berg, oncle d'Ermengarde, vendit ses droits au duc Jean Ier de Brabant et Renaud de Gueldre, les siens, aux deux frères Henri VI et Waléran de Luxembourg, enfants du second mariage de Waléran III avec Ermesinde. Tandis que l'archevêque de Cologne et avec lui les comtes de Flandre, de Gueldre et les partisans des Nassau prenaient parti pour les Luxembourg, le roi Rodolphe de Habsbourg ainsi que les comtes de Berg, de Hollande, de Juliers, de Looz, de Clèves et de La Mark, soutenaient la maison de Brabant parce que l'archevêque avait usurpé les droits de tonlieu le long du Rhin. Sur ces entrefaites, les bourgeois de Cologne se rangèrent du côté du Brabançon. Le conflit pour la suprématie dans l'ouest de l'Empire ne pouvait plus se régler que par les armes.

Lors de la bataille décisive de Worringen (1288), le duc Jean Ier de Brabant l'emporta sur le comte Henri VI de Luxembourg qui y perdit la vie avec trois de ses frères. Si les Luxembourg avaient pu s'emparer du Limbourg, ils ne se seraient pas seulement élevés au statut de princes d'Empire, mais leur domaine aurait été le plus grand territoire d'un seul tenant dans l'ouest de l'Empire, ce qui leur aurait de surcroît assuré de belles recettes grâce au tonlieu et au sauf-conduit. Pourtant, malgré leur défaite, la bataille de Worringen offrit aux comtes de Luxembourg la gloire militaire qui leur manquait jusqu'alors. En effet, ils avaient le plus souvent agrandi leur territoire par héritage, mariage et inféodation.

Le rapprochement des maisons de Brabant et de Luxembourg traîna en longueur. Ce n'est qu'en 1292 qu'eut lieu un mariage qui, malgré sa nature politique, allait évoluer en mariage d'amour : le comte Henri VII de Luxembourg, fils du vaincu, épousa Marguerite de Brabant, fille du vainqueur. Le montant de la dot correspondait à peu près à la somme que le père et l'oncle d'Henri avaient déboursée pour l'achat du Limbourg. Henri VII reçut ensuite une éducation chevaleresque à la cour royale française où, en 1294, il prêta serment de vassalité à Philippe le Bel et conclut avec lui un traité d'alliance militaire dont seul son suzerain, le roi des Romains, était exclu en tant qu'ennemi potentiel.

Henri VII orienta sa politique expansionniste en direction de la haute Meuse : il menaça les comtes de Bar et l'évêché de Verdun. Pour avoir soutenu la ville de Metz contre son évêque Renaud de Bar, il reçut 50 000 livres tournois (environ 3,5 tonnes d'argent). Il eut moins de succès dans la guerre douanière contre Trèves : lors du règlement de celle-ci, il conclut avec la ville épiscopale un contrat de protection qui lui rapporta une rente annuelle de 300 livres de deniers de Trèves (environ 29 kg d'argent). Ces contrats de protection profitèrent notamment au commerce entre la Moselle et la Meuse. Henri reçut en outre du roi des Romains Albert le droit d'organiser une foire de six semaines.

Lorsque le roi Albert fut assassiné en Suisse, le 1er mai 1308, le comte Henri séjourna à l'abbaye de Nivelles avec le comte de Flandre et les princes lotharingiens de Brabant, de Hainaut, de Hollande, de Looz, de Juliers, de Namur et quelques autres. Il revenait tout juste de Poitiers où, à sa demande, le pape Clément V avait consacré son frère Baudouin archevêque de Trèves – entre autres parce que Henri avait promis de prêter à Baudouin 40 000 livres tournois pour assainir les finances de l'archevêché. A Nivelles, les princes convinrent que si l'un d'eux était élu roi d'Allemagne, il devrait confirmer les fiefs d'Empire des autres. Ils conclurent en outre une alliance défensive mutuelle. On ignore si Henri annonça déjà sa candidature.

Le 27 novembre de la même année, grâce à l'intervention de son frère Baudouin et surtout de Pierre d'Aspelt, l'archevêque de Mayence, descendant d'une famille de ministériaux luxembourgeois, Henri VII de Luxembourg fut élu roi des Romains à l'unanimité (en l'absence cependant du roi de Bohême) et fut couronné à Aix-la-Chapelle le 6 janvier 1311. Dans l'historiographie, il reçut des uns le titre de «petit comte des marges de l'Empire», élu, comme ses prédécesseurs, sans disposer des moyens de restaurer le droit impérial aux dépens des princes-électeurs; les autres voyaient en lui un candidat de compromis, car les princes-électeurs avaient voulu empêcher l'élection de Charles de Valois, frère du roi de France, sans trop irriter Philippe le Bel. Au vu de ses antécédents et de la gloire acquise pour la dynastie à Worringen, on peut estimer que la puissance des comtes de Luxembourg était plutôt supérieure à celle des Nassau ou des Habsbourg lors de leur première élection et que les promesses électorales financières d'Henri avaient joué un rôle déterminant.

Après son élection, le roi Henri VII séjourna encore deux fois à Luxembourg, puis quitta la région pour se rendre à Rome, ce qui lui rapporta la couronne impériale le 29 juin 1312, après de rudes affrontements avec les cités-Etats d'Italie du Nord et de Toscane ainsi qu'avec Robert d'Anjou, le roi d'Italie du Sud. C'était Frédéric II († 1250) qui avait obtenu pour la dernière fois le titre d'empereur, un titre qui n'était plus guère apprécié par les autres rois en Europe. Ce dernier manqua fondamentalement son objectif de pacifier l'Italie et perdit en route tant son frère Waléran que son épouse Marguerite. Lui-même mourut le 24 août 1313 pendant son expédition contre Robert de Naples et fut inhumé à Pise, une des rares villes qui lui était restée fidèle.

Son frère Baudouin veilla sur sa mémoire. Outre la fondation de nombreuses messes, il se fit représenter avec son frère, plus grands que nature, sur deux stalles de la Chartreuse de Trèves, et fit dessiner par un enlumineur inconnu leur voyage commun à Rome, en trente-sept images qu'il fit relier avec son cartulaire.

Jean de Luxembourg et de Bohême

Avant son départ pour l'Italie, sur les instances des envoyés de Bohême, Henri avait inféodé, en 1310, le royaume de Bohême à son fils Jean et avait marié celui-ci à la sœur cadette du dernier roi, Elisabeth Přemysl. Cette alliance valut à la maison de Luxembourg une nouvelle base territoriale, un titre de prince-électeur et des perspectives prometteuses en Europe centrale. Pour son comté de Luxembourg d'origine, cela signifiait l'absence du seigneur, qui se fit représenter avec succès dans la principauté par des nobles et des ministériaux.

Jean de Luxembourg ne suivit pas son père sur le trône royal parce que certains princes-électeurs tels que l'archevêque de Cologne préféraient un Habsbourg et que, pour cette raison, les membres du parti de Jean, comme les archevêques de Mayence et de Trèves, avaient plutôt élu Louis de Bavière. Malgré cela, ils ne purent empêcher l'élection parallèle de Frédéric le Beau de Habsbourg. Jean, dont Pierre de Zittau, abbé de Königsaal, écrivit que le sol de la patrie lui était plus doux que celui de la Bohême, pratiqua cependant une politique d'hégémonie européenne, de sorte que le même chroniqueur put affirmer qu'on ne pouvait réaliser de projets en Europe sans lui.

La chose fut tout particulièrement ressentie par le roi Louis de Bavière que Jean soutint contre les Habsbourg jusqu'à la bataille de Mühldorf (1322), après quoi il prit ses distances parce qu'il n'avait pas renoncé au rêve de la couronne impériale pour lui-même et espérait tirer profit de la rivalité entre le roi et le pape. Pactisant tantôt avec Louis, tantôt avec le pape, il forgea trente-six projets de mariage pour de proches parents dont quelques-uns se brisèrent toutefois contre la résistance des femmes envisagées. Il mit également en œuvre une politique italienne originale qu'il justifiait devant Louis par le nécessaire entretien des tombes de ses parents. En fin de compte, ces projets échouèrent, en dépit de la protection française.

Entre-temps, Baudouin de Luxembourg, archevêque de Trèves, jouait le rôle le plus influent dans l'Empire. Après l'excommunication de Louis de Bavière, il organisa la coalition contre les exigences papales concernant l'approbation des candidats à l'Empire et fut en cela le maître à penser de la Bulle d'Or promulguée par son petit-neveu Charles IV en 1356.

En fait, Jean dut reporter son espoir de couronne impériale sur son fils Charles qu'il avait fait très tôt soustraire à sa mère et amener à la cour de France pour y être éduqué. En 1346, avec l'appui du pape Clément VI et du roi de France, Charles IV fut élu comme antiroi, après que le fils de Louis de Bavière, en 1341, eut fait chasser du Tyrol le fils de Jean, Jean-Henri, et brisé son mariage avec Marguerite de Tyrol et de Carinthie, en quoi il porta irrévocablement atteinte à l'honneur des Luxembourg. Six semaines plus tard, le roi Jean tomba à la bataille de Crécy à laquelle il avait participé par fidélité à l'alliance contre l'Angleterre conclue en 1332 avec le roi Philippe VI de France.

Malgré sa présence ininterrompue sur la scène européenne, Jean ne négligea pas le comté de Luxembourg. De nouvelles acquisitions telles que Damvillers, Orchimont ou Mirwart furent organisées en prévôtés distinctes et des localités frontalières importantes furent fortifiées. De 1332 à 1334, comme la dot due à son père n'avait toujours pas été complètement payée, il tenta une dernière fois d'acquérir le duché de Limbourg. L'arbitrage du roi de France lui rapporta 200 000 florins d'or en échange de son renoncement à un duché qui ne lui appartenait en aucune façon. En 1337, il put s'assurer les droits lucratifs de la garde de Verdun. La même année, il acheta de grandes parties du comté de Chiny pour 125 000 florins petits florentins. Cette politique d'achats, associée à la concession de nombreux fiefs-rentes, engloutit des sommes énormes qui ne pouvaient sortir des recettes courantes de ce comté pauvre. D'une part, il fit transférer à l'ouest de l'argent provenant des mines de Bohême, ce qui n'y améliorait pas sa renommée. D'autre part, Jean se servit avec l'aide de son conseiller et financier Arnould d'Arlon, d'une « alternance magistrale d'acquisition en engagère, de mise en engagère et de remboursement de droits de souveraineté »: un « chef-d'œuvre de technique financière de premier ordre » (Winfried Reichert), qu'Arnould dut payer par la banqueroute après la mort de Jean. Au total, Jean avait réussi à rembourser 250 000 florins de dettes sans devoir renoncer à aucune engagère. Ce n'est qu'avec les dépenses pour l'élection royale de son fils, qui s'élevèrent au total à plus d'une tonne d'or, qu'il compromit sérieusement la pérennité du comté comme territoire indépendant. Lorsque Baudouin, archevêque de Trèves, tenta, à cette occasion, d'utiliser la situation dans l'Empire et la dépendance de son neveu ou petit-neveu de sa voix d'électeur et de son capital, pour agrandir l'archevêché de Trèves aux dépens du Luxembourg, ce fut Jean qui entendit défendre l'intégrité territoriale du comté, alors que son fils Charles de Bohême était prêt à renoncer aux parties du comté mises en engagère. Avec sa monétarisation des droits de souveraineté, Jean l'Aveugle emprunta des voies résolument modernes dans l'administration territoriale, plus importantes que les actes de guerre qu'on lui reproche souvent mais qui n'eurent en fait que peu d'importance.

L'intensification de son pouvoir ainsi que l'accroissement des recettes du territoire servirent sa politique de promotion des villes et du commerce. Plusieurs villes se virent concéder des privilèges à condition qu'à l'avenir elles pourvoient elles-mêmes à leur défense. D'autres furent érigées en chefs-lieux de prévôtés. Jean fonda des foires, négocia des alliances pour la frappe de monnaies communes avec Bar, Liège et Namur, et conclut des contrats de protection avec des princes voisins afin d'assurer la sécurité des routes commerciales. La *Schobermesse*, fondée en 1340 et qui a subsisté jusqu'à ce jour, en constitue l'exemple le plus célèbre. Pour la soutenir, le comte renonça aux taxes de tonlieu, mais espérait en contrepartie des recettes plus élevées du sauf-conduit. Le choix de la date de cette foire montre que le prince territorial se reposait entièrement sur des conseillers issus de la bourgeoisie : elle se situait à la fin août, entre la fin de la moisson et le début des vendanges, d'une part, entre les foires de Metz (à partir du 15 août) et de Trèves (le 31 août), d'autre part, mais s'avérait aussi particulièrement avantageuse pour les commerçants qui se rendaient à la foire d'automne d'Anvers ou à la foire de la Sainte-Croix à Saint-Nicolas-de-Port.

La charte de fondation de la *Schobermesse*, où Luxembourg est désignée pour la première fois comme capitale du pays, montre que Jean avait une vision nuancée du phénomène urbain. Le fait que sous son règne on observe pour la première fois la participation aux décisions de politique territoriale de celles qu'on appelle « bonnes villes », selon l'exemple français, montre aussi qu'il était conscient de l'importance des villes pour l'administration du territoire. En 1336, aux côtés de la noblesse et de la chevalerie, quinze villes confirment son contrat de mariage avec Béatrice de Bourbon, de la maison royale française. A l'occasion de l'alliance défensive conclue entre le comte Jean et l'évêque de Liège (1343), dix villes représentaient le «commun pays». Dans le testament que Jean rédigea le 1er septembre 1340 au pont de Bouvines, avant de participer pour la première fois à une bataille en tant qu'aveugle, il décida que, outre les *nobiles* (les nobles), les *communitates* (communautés) du comté devraient également, s'il venait à mourir prématurément, élire pour régent(s) un ou plusieurs vassaux qui veilleraient à la transmission régulière de l'ensemble du comté et de ses possessions françaises à son fils Wenceslas (né en 1337) ainsi qu'au douaire de Béatrice. Il ne leur confiait pas une mince responsabilité. Pourtant, comme Charles IV et Baudouin exercèrent le pouvoir dans le comté jusqu'en 1353, aucune ville ne tenta de protester, mais la route était ainsi frayée vers la constitution d'états provinciaux. Wenceslas put encore la poursuivre plus avant en se basant sur la tradition brabançonne.

Wenceslas de Luxembourg et de Brabant

Tout de suite après que Wenceslas eut épousé Jeanne de Brabant (1352), sa mère Béatrice et son beau-père Jean III de Brabant firent prévaloir ses droits de succession sur le Luxembourg à l'encontre de son demi-frère Charles IV et de son grand-oncle Baudouin de Trèves qui gouvernait le pays en tant que seigneur engagiste. Après la mort de Baudouin, en 1354, Charles concéda à Wenceslas le titre de duc et lui transmit les quatre comtés de Luxembourg, La Roche, Durbuy et Arlon en tant que fief d'Empire unitaire.

Wenceslas parvint à racheter toutes les hypothèques ou à faire invalider les contrats de prêt lorsqu'ils n'avaient pas été conclus avec lui en tant que seigneur légitime. En 1364, il put acheter pour sa maison le reste du comté de Chiny et, en 1378, la seigneurie de Schönecken. Les possessions occidentales des Luxembourg atteignirent ainsi leur plus grande extension.

Pour Charles IV, le territoire de ses ancêtres n'avait d'importance que dans la politique impériale à l'égard de la France. C'est pourquoi il était pleinement intéressé à le conserver pour sa maison. En 1366, il nomma Wenceslas vicaire impérial et convint avec lui que, si ce dernier devait mourir sans enfants, le duché de Luxembourg et le comté de Chiny reviendraient aux descendants de Charles. C'est ce qui se passa en 1383. Wenceslas qui, dans sa résidence de Bruxelles, s'entourait volontiers de lettrés connus tels que Guillaume de Machaut ou Jean Froissart et versifiait lui-même, se fit enterrer dans l'abbaye cistercienne d'Orval, dans le comté de Chiny qu'il avait acquis peu auparavant.

Charles avait espéré récupérer le Brabant au cas où l'épouse de Wenceslas mourrait avant son mari. Or, Jeanne le transmit en 1401-1404 aux descendants de sa sœur, Philippe le Hardi et Marguerite de Flandre. En effet, elle était fâchée avec les Luxembourg parce que Charles IV n'était pas venu au secours de son beau-frère en 1371, quand il avait été fait prisonnier par Guillaume de Juliers à la bataille de Baesweiler contre les Wittelsbach, de sorte que les villes du Brabant avaient dû payer la rançon, encore qu'il y ait défendu les intérêts de l'Empire. En fait, Charles avait préféré ménager les Wittelsbach : il voulait leur acheter la marche de Brandebourg et avait besoin de leur vote pour que son fils Wenceslas soit élu roi déjà de son vivant.

Le temps des seigneuries engagées

Si le duché de Luxembourg ne fut pour Charles IV qu'un pion sur l'échiquier politique européen, il allait servir à son fils Wenceslas de lettre de change qu'il pourrait, selon la formule de l'historien Gilbert Trausch, rembourser en fonction des besoins. La politique dynastique des Luxembourg se concentrait de toute évidence sur l'Europe centrale : Bohême, Moravie, Silésie, Brandebourg, Pologne et Hongrie. En comparaison, le Luxembourg n'était qu'une possession périphérique peu importante.

En 1388, le roi de Bohême et duc de Luxembourg donna en engagère la totalité du pays de ses ancêtres pour une créance de 64 000 florins du Rhin à son cousin Josse de Moravie qui la céda à son tour en 1401 à Philippe le Hardi de Bourgogne et de Flandre, et un an plus tard à Louis d'Orléans. Après l'assassinat de celui-ci, l'engagère revint à Josse. Wenceslas, que les princes-électeurs avaient destitué en 1400, légua en 1408 les droits de rachat à sa nièce Elisabeth de Görlitz, à ce moment seule héritière de la maison de Luxembourg. Dans l'espoir d'obtenir son soutien dans le conflit qui l'opposait au roi Ruprecht de Palatinat, il lui accorda, pour son mariage avec Antoine de Brabant et de Bourgogne, une dot de 120 000 florins et le paiement des frais de la noce à hauteur d'environ 70 000 couronnes de Bohême. La dette totale s'éleva entre-temps à 425 290 francs or et les Bourguignons purent espérer à bon droit annexer à leur domaine ce duché situé entre l'Empire et la France. La somme à rembourser n'était pas seulement difficile à réunir, mais Wenceslas de Bohême et son frère Sigismond, roi de Hongrie depuis 1386, se débattaient avec de gros problèmes sur leurs propres territoires. Ils étaient également si fâchés l'un contre l'autre qu'en 1410, à la mort de Ruprecht de Palatinat, trois membres de la maison des Luxembourg prétendaient à la couronne de roi des Romains: Wenceslas qui avait été destitué, Josse qui avait été élu par une majorité, mais qui mourut peu après (de sorte que sa dette s'éteignit), et Sigismond qui parvint finalement à s'imposer comme roi des Romains.

Tandis que la noblesse était divisée et qu'une partie jurait fidélité à Sigismond, guerroyait contre les Bourguignons ou assez souvent faisait volte-face jusque fort avant dans le XVe siècle, les villes du pays prêtèrent en 1412 le serment d'hommage à Antoine et Elisabeth. Or, Antoine de Bourgogne tomba en 1415 à la bataille d'Azincourt et Elisabeth, avec l'accord de Sigismond, épousa en 1419 Jean de Bavière, dans l'espoir de bloquer l'avancée des Bourguignons. Malgré cela, Jean se mit d'accord avec les Bourguignons sur un règlement de la succession, mais mourut empoisonné dès 1425, sans laisser de descendant. En dépit de sa prodigalité, la duchesse engagiste de Luxembourg, Elisabeth de Görlitz fut d'autant plus entourée. Le duc Philippe le Bon de Bourgogne finit par l'emporter et put racheter l'hypothèque à Elisabeth, malgré la résistance des Etats provinciaux luxembourgeois que Sigismond avait en partie séduits par des réductions d'impôts. L'empereur Sigismond mourut en 1437. La maison de Luxembourg en lignée masculine s'éteignit avec lui et les droits de succession échurent aux Habsbourg car Elisabeth, la fille de Sigismond, avait épousé Albert II qui succéda à Sigismond comme roi des Romains. Son gendre Guillaume de Saxe tenta de racheter les droits d'engagère sur le duché de Luxembourg et d'affronter les Bourguignons avec un corps expéditionnaire de 1 000 hommes, mais la capitale fut prise par un coup de main le 23 novembre 1443 ; le duc de Bourgogne supprima les franchises urbaines et annexa le pays aux Pays-Bas bourguignons. Ladislas Postumus, le fils d'Albert, tenta de reconquérir le Luxembourg avec l'aide de la France, sans y parvenir. En 1462, Louis XI vendit à Philippe le Bon les droits d'engagère achetés par son père Charles VII. Philippe racheta aussi à Guillaume de Saxe le reste de la dette. Le duc de Bourgogne était désormais duc de Luxembourg de plein droit. Les moyens financiers et la politique matrimoniale l'avaient définitivement emporté sur le droit féodal quand il s'agissait d'acquérir des territoires et de s'en assurer la domination. Pendant toute cette période, il ne fut pas question de résistance « nationale ».

CHAPITRE VIII

Gouvernement bourguignon et habsbourgeois

La politique bourguignonne de modernisation

Pour les ducs de Bourgogne, l'acquisition du duché de Luxembourg représentait l'ajout au puzzle d'une pièce supplémentaire indispensable à la construction d'un lien terrestre entre leurs possessions méridionales et septentrionales et à la création d'un royaume distinct, d'un seul tenant, entre la France et le Saint-Empire romain germanique. Philippe le Bon de Bourgogne, plutôt avec précaution, et son fils Charles le Téméraire, avec un peu plus de fermeté, tentèrent d'imposer une administration et une justice unifiées à ce conglomérat de principautés (dans l'ordre chronologique d'acquisition : duché de Bourgogne, Nevers, Charolais, Franche-Comté, Artois, Flandre, Namur, Brabant, Limbourg, Hainaut, Hollande, Picardie, Luxembourg, Gueldre et Lorraine), qui n'étaient liés entre eux que par union personnelle, et d'intégrer peu à peu ces provinces en un Etat central monarchique. De plus, ils pouvaient s'appuyer sur les recettes fiscales des Pays-Bas du nord-ouest, une des régions d'Europe les plus peuplées et les plus puissantes sur le plan économique.

Pour le duché de Luxembourg, ces efforts d'intégration signifiaient qu'on imaginait pour la première fois une administration centrale structurée, représentée dans le pays par un gouverneur qui, de même que son représentant, n'y était pas né. Aux côtés de celui-ci, le Conseil aulique, issu de la *curia* comtale d'autrefois et dont les membres étaient nommés par le duc, cumulait les pouvoirs politiques, administratifs, financiers et militaires. Il servait en outre de tribunal d'appel contre les décisions de tous les tribunaux inférieurs. A partir de 1444, se réunirent aussi des états provinciaux que seul le duc avait le droit de convoquer pour se faire octroyer des impôts extraordinaires. Ils représentaient les intérêts du duché contre les tendances centralisatrices du gouvernement de Bruxelles. En 1461, après que son statut fut définitivement clarifié, Philippe le Bon restitua aussi ses lettres de privilège à la ville de Luxembourg; sauf en matière de haute justice, la ville fut de nouveau administrée comme aux temps pré-bourguignons. La langue écrite urbaine était l'allemand, tandis que l'administration ducale se faisait en français.

Charles le Téméraire, fils de Philippe, tenta de pousser un peu plus loin la centralisation, notamment par les ordonnances de Thionville (1473): le Parlement de Malines devint une cour de justice suprême pour tous les territoires des Pays-Bas et une chambre des comptes commune fut chargée de contrôler tous les receveurs particuliers. Lors de son avènement, le prince jurait de respecter les privilèges du pays, même si ceux-ci ne l'étaient que formellement; partout le droit romain s'imposa comme norme. Lorsque Charles le Téméraire tomba à Nancy en 1477, dans la bataille contre le duc René de Lorraine, une partie considérable de la noblesse se rebella; les anciens prétendants au trône reformulèrent leurs revendications sur le duché de Luxembourg et la France occupa le sud, de sorte que Marie de Bourgogne, fille de Charles, dut reprendre les réformes centralisatrices de son père. Ce n'est qu'en 1480 que l'archiduc Maximilien put, au nom de son épouse, accepter le serment d'hommage des Etats et confirmer leurs anciens privilèges. Tandis que les Etats accroissaient leur influence, on assista à un déclin des recettes et de la justice ducales au profit des justiciers locaux. La ville de Luxembourg obtint la restitution de son ancien sceau et de l'hôtel de ville, l'autorisation d'organiser une «école latine» et l'augmentation ou la prolongation de différentes taxes urbaines.

La reprise par les Habsbourg

En 1482, lorsque Marie de Bourgogne mourut suite à une chute de cheval, tout le complexe territorial bourguignon revint à son fils Philippe le Beau, alors âgé de quatre ans. Ce fut Maximilien, son père, qui exerça la régence. Le duché de Luxembourg fut désormais gouverné par les Habsbourg jusqu'en 1795 avec seulement de brèves interruptions, ce qui l'entraîna dans la lutte sans fin pour l'hégémonie européenne entre les Habsbourg et la France. Dans le sillage de la formation des nations depuis le XIXe siècle, certains historiens appellent «époque des dominations étrangères» la période de l'histoire nationale qui débute en 1443, bien que tous les princes suivants aient été des ducs de Luxembourg parfaitement légitimes. Ce titre fut le premier dont fut gratifié en 1501, dès le berceau, le futur empereur Charles-Quint.

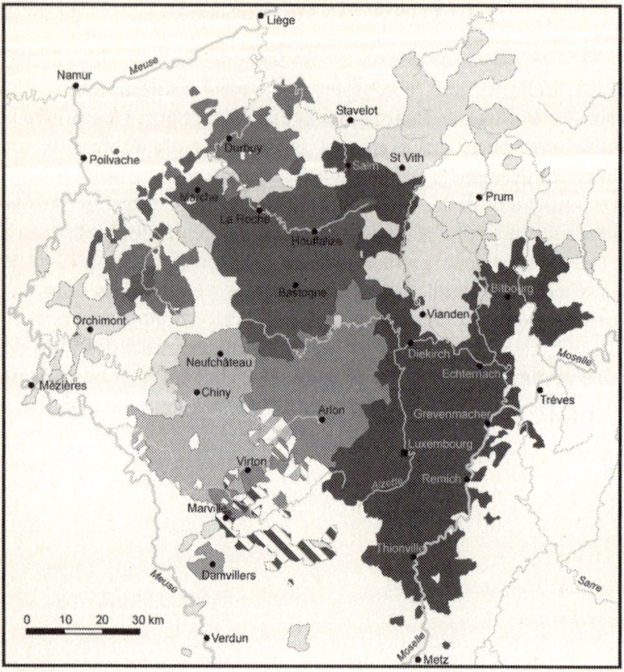

Le Duché de Luxembourg vers 1525

- Duché de Luxembourg
- Terres communes avec Bar
- Comté de La Roche
- Comté de Durbuy
- Marquisat d'Arlon
- Terres communes avec Bar
- Prévôté de Damvillers
- Comté de Chiny
- Terres communes avec Bar
- Terres communes avec Mouzon
- Vassaux des ducs de Luxembourg

Cartographie: M.-L. Glaesener et M. Uhrmacher, Uni.lu 2013

CHAPITRE IX

Structures de peuplement médiévales

La région Meuse-Moselle se trouvait dans l'espace central de l'empire carolingien, entre Rhin et Seine, auquel l'historien autrichien Michael Mitterauer attribue le mérite d'avoir été la région d'origine de nombreuses innovations techniques qui caractérisèrent la croissance économique et le développement sociétal de l'Europe médiévale. Dans cette mesure, le comté de Luxembourg ne se distingue pas fondamentalement des régions qui l'entourent. Grand domaine doté d'une réserve [*Fronhof*] centrale, connu sous le nom de «domaine biparti» (la charte de donation de 697/698 pour le monastère d'Echternach contient une des plus anciennes attestations du *mansus*/fr. *manse*), assolement triennal, élevage de chevaux, moulins à eau, charrue à soc de fer, viticulture, essartage forestier et croissance démographique continue sont les traits les plus importants de l'organisation agraire des paysages les plus fertiles de l'entre Meuse et Moselle. Dans les zones de moyenne montagne de l'Eifel ou des Ardennes, les champs étaient en revanche ensemencés à des intervalles beaucoup plus espacés et ces régions étaient par conséquent peu peuplées.

Grand domaine et agriculture

Depuis le VIIIe siècle, les champs, les forêts et les vignobles, y compris leurs habitants, appartenaient habituellement à de grandes abbayes comme Echternach, Saint-Euchaire/Saint-Matthias et Saint-Maximin devant Trèves, Prüm dans l'Eifel, Saint-Hubert et Stavelot-Malmedy dans les Ardennes, et plus tard aussi aux abbayes cisterciennes d'Orval et d'Himmmerod. Le polyptique de Prüm, description des biens et des revenus d'un grand propriétaire, rédigé en 893 et copié en 1222, donne un bon aperçu de la gestion de ce monastère qui, certes, n'appartenait pas au territoire luxembourgeois mais dont les biens s'étendaient jusque dans les Ardennes wallonnes et sur le plateau fertile du Gutland. Cette source nous fait connaître des relations de marché à la fin du IXe siècle : même au haut Moyen Age, il n'y avait pas d'économie agricole ou vinicole autarcique.

Au VIIe siècle, un certain Widmar fit construire une « église privée » [*Eigenkirche*] dédiée à saint Martin dans les ruines d'une *villa* gallo-romaine, passée du domaine fiscal romain tardif aux mains de la noblesse franque. Celle-ci constitua le centre de la paroisse primitive de Weimerskirch, dans l'archevêché de Trèves. Vers 723, Charles Martel offrit le domaine de Weimerskirch, au nord de la future ville de Luxembourg, à l'abbaye bénédictine Saint-Maximin de Trèves. Un contrat de précaire daté de 926 révèle qu'il comprenait 100 manses seigneuriaux exploités par 73 serfs, 20 manses cédés à des tenanciers non libres, ainsi qu'un bois qui permettait la glandée de 300 porcs. La présence de six moulins permet d'évaluer le rendement agricole de ce domaine et montre que la vallée de l'Alzette, au-dessus de laquelle le comte Sigefroid construisit plus tard le château appelé « Luxembourg », était densément peuplée, car tout le blé n'était certainement pas livré à l'abbaye à Trèves, mais une grande partie en était moulue et consommée sur place. Les *Miracles de saint Maximin*, rédigés vers 962, nous font connaître les exactions de l'avoué du monastère dans la *villa* de Weimerskirch contre laquelle les paysans, qui n'étaient nullement dépourvus de droits, ne purent se défendre qu'avec l'aide de leur saint protecteur.

Au XIe siècle, les viticulteurs de Wasserbillig se rebellèrent pendant des années jusqu'à l'obtention de la part du seigneur – la même abbaye Saint-Maximin – de services et de redevances plus favorables. Ils obtinrent en particulier que leurs obligations soient réduites et qu'une partie de leur cens en vin puisse être acquittée en espèces. Ce soulèvement fut couronné de succès parce que, d'une part, en tant que vignerons ils représentaient une force de travail spécialisée difficile à remplacer et que, d'autre part, en cas de conflit, ils pouvaient se réfugier à Trèves qu'ils connaissaient par leurs visites au marché.

Les comtes de Luxembourg, comme ceux de Bar ou de Chiny, reprirent la «Loi de Beaumont» au comté de Champagne où l'archevêque Guillaume de Reims l'avait promulguée pour la première fois en 1182. Par cette charte, ils accordaient un statut plus libéral à tous les villages du sud-ouest de leur pays afin d'y attirer de nouveaux habitants, de renforcer l'organisation du territoire et d'empêcher l'émigration des paysans vers des contrées voisines. Au haut Moyen Age, l'organisation territoriale dans les Ardennes se reflète encore dans les noms de villages en **rod/sart* (par exemple: Roodt, Roth, Buschrodt, Rodershausen, Elcheroth/Nobressart, Le Sart).

Aux alentours des villes, on observe, depuis le XIe siècle, non seulement une amélioration du statut juridique des populations rurales, mais aussi l'introduction de nouvelles techniques agricoles qui aidaient à accroître le rendement et, partant, encourageaient la croissance de la population et contribuaient à la prospérité des villes. C'est là que le système domanial commença à se désintégrer. Les tenanciers devinrent des métayers qui avaient part au rendement et pouvaient réagir de manière plus ciblée aux demandes croissantes des villes. Les habitants des villes, qui investissaient dans des propriétés foncières, avaient aussi, grâce à des contrats de métayage à durée limitée, la possibilité d'imposer des modernisations et la culture de nouvelles plantes, entre autres à des fins industrielles (guède, lin, chanvre). La région vivait de la production drapière campagnarde et urbaine, attestée par de nombreux moulins à foulon, ainsi que du tannage des cuirs et de la culture du vin. La ville de Luxembourg représentait un centre commercial important où se négociaient tant le vin de la Moselle que celui du Rhin alsacien.

Densité du réseau des petites villes

Les historiens voient aujourd'hui dans la ville médiévale «une forme de peuplement de grandeur relative qui se distingue du village et de toute localité à fonction unique non agraire, dont le bâti est dense et structuré, dont la population exerce des professions spécialisées et est socialement stratifiée, qui dispose d'organes d'administration autonome, d'un cadre juridique basé sur des structures communales et garantissant le libre exercice de modes de vie et de travail, et qui remplit des fonctions centrales politiques et militaires, économiques, cultuelles et culturelles pour une région déterminée ou une population régionale» (Franz Irsigler). Jusqu'en 1200, les comtés de Luxembourg et de Chiny furent des territoires pauvres en villes si, pour évaluer le caractère urbain d'une localité, on part d'un faisceau de critères tels que château-fort, église paroissiale, collégiale, abbaye, pèlerinages, nouveaux ordres religieux, sièges de doyenné, refuge abbatial, hôpital, léproserie, chef-lieu de prévôté, résidence, tonlieux de transit et de marché, mesures de capacité, marché hebdomadaire, foire annuelle, atelier monétaire, école, haute cour, liberté urbaine, sceau, enceinte, poids, halle, corporations, production drapière, joailliers, juifs, Lombards, notariat. Au XVe siècle, Walter Prevenier recense, pour le duché de Luxembourg, une population urbaine de 15 à 20% (au regard de 36% pour la Flandre et de 45% pour la Hollande).

Dans le courant du XIIIe siècle, Luxembourg, qu'on ne peut pas appeler ville avant la deuxième moitié du XIIe siècle, connut une forte expansion grâce au soutien comtal et surpassa tous les autres centres du comté qui, jusqu'alors, étaient tout à fait du même niveau – Echternach, par exemple, ne fut pas seulement un bourg abbatial depuis le VIIIe siècle, mais aussi, à l'occasion, le lieu de résidence des comtes. En 1340, le comte Jean l'Aveugle désignait Luxembourg par le terme *chief*, c'est-à-dire capitale. Elle dut compter environ 5 000 habitants au début du XIVe siècle et environ 7 000 dans la première moitié du XVe siècle, donc pas beaucoup moins que la cité épiscopale voisine de Trèves. A en juger par cette ville moyenne, dont la *Schobermesse* attirait seule quelques commerçants d'origine lointaine, toutes les autres localités centrales étaient de petites villes, dont l'Hinterland agricole n'excédait pas 15 km, soit une distance que ceux qui se rendaient au marché pouvaient parcourir aller et retour en une journée.

Si les villes étaient petites, elles étaient pourtant étonnamment nombreuses, même dans les Ardennes et l'Ösling, où les caractéristiques du milieu naturel ne permettaient pas de nourrir des groupes de population plus importants. Il y manquait aussi un réseau de circulation intensif, de sorte que le commerce était faiblement développé et que les migrations, y compris l'exode rural, étaient difficiles. La haute densité des foires témoigne cependant de la capacité de production de ces sites pour ce qui est de l'élevage, de l'exploitation du bois, de la tannerie, des moulins à foulon, du tissage de la laine et du lin. Ce paysage dénué de voies de communication explique aussi pourquoi les comtes créèrent de si nombreux chefs-lieux de prévôtés qui devinrent de petites villes. On se gardera d'interpréter la petitesse de ces sites comme une forme inaboutie : elle correspond aux conditions du milieu naturel. Dans certains cas, les seigneurs locaux tentaient, à l'aide de petits sites centraux tels que Diekirch, Grevenmacher, Houffalize, Marville, Neufchâteau, Rodemack, non seulement d'augmenter leurs recettes, mais aussi d'accroître leur prestige, de promouvoir l'essor économique de leur territoire et de fixer une population campagnarde qui autrement risquait d'émigrer vers des centres urbains plus attrayants.

Le réseau de villes était le plus dense dans le sud du duché qui appartient à la fertile plaine à cuestas de Lorraine. Outre Luxembourg, la capitale, on y trouvait des villes qui atteignaient un niveau de centralité un peu plus élevé que les autres : Arlon, Thionville, Echternach et Marville. Au XIVe siècle, Marche put surpasser les anciens centres comtaux de Durbuy et La Roche, parce que les échanges entre les Ardennes et la Famenne ou le Condroz y étaient possibles. La division du milieu naturel en petits territoires et les conditions favorables pour l'élevage (chevaux), encore perceptibles vers 1600 sur les marchés campagnards, autorisaient un peuplement relativement dense mais pas la formation de centres urbains avec de forts secteurs économiques secondaire (artisanat) et tertiaire (commerce et services) comme dans l'arrière-pays de Cologne, la plus grande ville du Saint-Empire, ou dans les plaines côtières de Flandre et de Hollande, qui constituaient le paysage le plus urbanisé d'Europe au nord des Alpes. Au regard des grandes régions économiques européennes, le duché de Luxembourg se trouvait dans une position excentrique qui ne permettait pas aux autochtones de profiter des courants commerciaux internationaux pour faire avancer leur développement commercial et urbain. Ce sont les fonctions centrales politico-administratives que les villes devaient au seigneur foncier qui expliquent principalement la densité du réseau de petites villes par lequel le paysage urbain du duché se distingue des autres.

CHAPITRE X

Le duché de Luxembourg entre l'Empire des Habsbourg et la France

Un sentiment d'appartenance territoriale?

Pendant tout le Moyen Age, rien ne suggère que l'habitant du comté ou du duché se désigne comme luxembourgeois. Même les humanistes qui y sont nés, dont quelques-uns avaient étudié et parfois aussi enseigné à l'université de Louvain – Jérôme de Busleyden, originaire d'Arlon, y avait fondé, en 1517, le Collège des Trois Langues –, ne se disent luxembourgeois que lorsqu'ils sont originaires de la ville de Luxembourg. Au début des Temps modernes, rien d'essentiel n'a changé. Cette époque est une des moins étudiées parce qu'il faut chercher les sources historiques à l'étranger et parce que les historiens de l'Etat-nation en construction l'ont définie au XIXe siècle comme le « temps des dominations étrangères », vu que les princes n'appartenaient plus à la maison de Luxembourg.

Pourtant, les contemporains ne doutaient pas de la légitimité de leurs souverains. Si en 1567, Marguerite de Parme, gouvernante générale des Pays-Bas, décrit le Luxembourg comme pauvre, infertile, fidèle au souverain et très catholique, Nicolas Vernulaeus, un humaniste de Louvain originaire du duché, lui répondit indirectement en 1623 dans la dédicace de ses *Institutionum politicarum libri IV*: il montra la fidélité des Luxembourgeois – ici définis simplement comme peuple – à l'égard de leur souverain pendant le soulèvement des Pays-Bas, de même que leur fidélité à l'égard des croyances catholiques romaines. Dans ce texte, on reconnaît certes pour la première fois les éléments d'un sentiment d'appartenance territoriale: passé commun et valeurs communes, qu'il convenait de défendre, sentiment de supériorité à l'égard des voisins. une telle conscience identitaire se rencontrait tout au plus dans l'élite cultivée de la société luxembourgeoise. En 1687 pourtant, même cette élite offrit à Louis XIV la clé de la ville conquise de Luxembourg.

L'historiographie montre aussi à quel point le sentiment d'appartenance territoriale était peu répandu: en 1585, le médecin Jean d'Anly fait débuter sa brève histoire «… des princes d'Ardenne, spécialement des ducs et comtes de Luxembourg et Chiny. …» avec la chute de Troie, selon la mode de l'époque, et entremêle étroitement l'histoire du Luxembourg à celles de la Lorraine et de la «Belgique». En 1605, Johannes Bertels, abbé de Luxembourg et d'Echternach, publia à Cologne une *Historia Luxemburgensis* dont il était fier parce que c'était la première présentation de l'histoire de cette province. Celle-ci comprend deux parties: la première est une histoire dynastique qui fait remonter au roi des Francs Pharamond les ancêtres de Sigefroid et qui prolonge la série des souverains jusqu'à l'archiduc Albert († 1621); la seconde consiste en une description du duché, avec ses subdivisions territoriales, ses villes, villages, foires et cours d'eau, où Bertels souligne les différences entre l'ouest francophone et l'est germanophone.

L'ADMINISTRATION HABSBOURGEOISE

L'histoire politique du début des Temps modernes se laisse précisément présenter comme un conflit durable pour la prééminence en Europe entre les pays détenus par les Habsbourg (Saint-Empire, Autriche, Bohême et Moravie, Bourgogne, Pays-Bas, Espagne, Italie du Nord et du Sud) et la France des Valois (remplacés par les Bourbon en 1589). En 1519, après que Charles-Quint eut emporté l'élection impériale contre François Ier de France, la guerre devint inévitable. Simultanément, Charles-Quint dut combattre les Etats protestants de l'Empire et les Turcs. Si dans un premier temps, l'affrontement germano-français concerna surtout l'Italie, en 1542 le duché de Luxembourg fut conquis par l'armée française. Au lieu de suivre l'avis de son conseil de guerre et de raser les fortifications de Luxembourg, François Ier y fit construire des bastions. Après deux conquêtes françaises et deux reconquêtes impériales, Charles-Quint et François Ier signèrent la paix de Crépy. Le duché de Luxembourg resta propriété des Habsbourg et la Bourgogne revint à la France. La forteresse de Luxembourg fut renforcée avec l'aide d'ingénieurs italiens. Dans l'affrontement entre la France et l'Empire, elle eut désormais une importance stratégique de premier plan. Charles-Quint nomma le comte Pierre-Ernest de Mansfeld gouverneur du duché (1545-1604). Comme le château des comtes sis sur le rocher du Bock n'avait plus été reconstruit après l'explosion de poudre de 1554, celui-ci se fit bâtir un château de style Renaissance où il rassembla une collection d'antiquités. L'ancien hôtel de ville, détruit par la même occasion, fut également remplacé par un bâtiment Renaissance (1572) qui sert aujourd'hui de palais grand-ducal.

Lors de l'abdication de Charles-Quint (1556), Philippe II hérita de l'Espagne ainsi que des Pays-Bas habsbourgeois, y compris du Luxembourg. Pour se faire une image de leur importance militaire, il en fit dessiner, à partir de 1559, toutes les villes avec leurs dispositifs de défense par Jacques de Deventer. A l'occasion du mariage de sa fille Isabelle avec Albert d'Autriche (1598), le roi Philippe lui céda les Pays-Bas. Comme les époux n'eurent pas d'enfants, le territoire revint à la Couronne espagnole en 1621.

Après les réformes de Charles-Quint (1531), l'administration du duché se caractérisa par l'opposition entre les tendances à la modernisation dans le sens d'un Etat unitaire qui, sous Philippe II, adoptèrent des traits absolutistes, et les tendances conservatrices, insistant sur l'autonomie des seigneurs justiciers de petite noblesse et des états. Cela mena souvent à la mise en place d'institutions parallèles, parce que les anciennes n'avaient pas été abolies afin de laisser un semblant d'influence aux élites traditionnelles. Dans les nouvelles institutions au contraire, les conseillers issus de la bourgeoisie et disposant d'une formation juridique encourageaient une organisation rationnelle de l'administration étatique. Dans les Pays-Bas septentrionaux, le conflit, renforcé par les oppositions religieuses, mena à la séparation d'avec l'Espagne.

A l'exception du général Jean Beck (1628-1638), tous les gouverneurs de province furent des étrangers, encore que la municipalité demandât régulièrement la nomination d'un gouverneur qui connaisse le pays et la langue. Ils dépendaient du gouverneur général à Bruxelles, qui était toujours un(e) parent(e) consanguin(e) du roi. Le Conseil provincial, qui remplaça en 1531 le conseil aulique, ne comportait que des personnages bien établis : un président (anobli), trois nobles et trois légistes. Seul le changement de nom constitue un indice du progrès de la centralisation car, comme tous les autres territoires, le duché n'était lié que par union personnelle au reste des provinces des Pays-Bas. Avec le gouverneur, le Conseil provincial constituait le gouvernement de la province et la cour supérieure de justice. Il lui incombait d'appliquer les décrets royaux et d'accorder ce qu'on appelait le *placet*, c'est-à-dire la permission donnée aux évêques étrangers d'exécuter des actes d'administration ecclésiastique et de donner des instructions pastorales. Les états provinciaux se développèrent tout d'abord pour préserver les intérêts particuliers du duché. Ils avaient pour tâche de consentir aux levées d'impôts mais n'avaient pas le droit de se réunir spontanément. En signe de leur autonomie, les états provinciaux luxembourgeois ne prirent que rarement part aux réunions des états généraux des Pays-Bas convoqués à Bruxelles. Ils se composaient de représentants de la noblesse, du clergé – *de facto* les abbés – et de la bourgeoisie urbaine (lettrée) et obtinrent en 1594 le droit de lever leurs propres impôts, assurant ainsi leur indépendance financière. Par ordre impérial de 1531, le droit coutumier fut mis par écrit dans toutes les provinces des Pays-Bas, mais celui du duché de Luxembourg ne fut publié qu'en 1623. Les instances officielles qui avaient leur siège dans la ville de Luxembourg suscitèrent l'installation d'un nombre croissant d'avocats. Ceux-ci constituèrent un nouveau groupe social, au côté des artisans et des commerçants.

La situation religieuse

La région comprise entre l'Eifel, les Ardennes, la Moselle et le Rhin fut une zone centrale pour la chasse aux sorcières qui faisait tache d'huile au XVIe siècle. Tandis qu'à l'échelle de l'Europe, on estime le nombre des exécutions capitales entre 60 000 et 80 000, on en suppose 350 à 700 rien que pour le duché de Luxembourg. Les origines du phénomène sont complexes: traits de crise de l'époque (Petit Age glaciaire, récoltes gâtées, nombreuses guerres accompagnées de pillages entre amis et ennemis, épidémies et épizooties); actes de vengeance individuels contre les nouveaux riches; littérature démonologique favorisée même par les évêques; suspicion à l'égard de toute déviation de la norme (handicaps physiques et intellectuels, inceste et divorce, morts de nourrissons et de vaches) menant à une hystérie collective; justice seigneuriale et justice locale qui passaient outre aux tentatives de contrôle du Conseil provincial; torture pour extorquer de nouveaux noms d'individus soupçonnés sans raison; fonctionnaires, avocats, juges et échevins qui gagnaient de l'argent grâce aux procès. Dans cet espace très éclaté politiquement, beaucoup de petits seigneurs – de l'abbaye Saint-Maximin aux seigneurs d'Autel – voyaient dans les procès de sorcellerie la possibilité d'affirmer leur compétence juridictionnelle contre le pouvoir central. Les persécutions ne cessèrent qu'environ cent ans après le Concile de Trente, avec la lente amélioration de l'enseignement scolaire, voire lorsque l'absolutisme français y mit fin dans les territoires conquis. Dans le duché de Luxembourg, le dernier procès de sorcellerie se déroula en 1692.

La formation religieuse élémentaire des croyants comme du bas-clergé est également responsable de l'ampleur que prit la chasse aux sorcières. L'éclatement du duché entre cinq évêchés, surtout Trèves et Liège, et la condition du *placet* imposée par les ducs de Bourgogne à tout acte épiscopal menèrent à une formation et un contrôle déficients du bas-clergé. Le Luxembourg ne fut pas touché par la réorganisation diocésaine opérée par Philippe II aux Pays-Bas (1559), parce que les abbés n'entendaient pas se priver d'une propriété monastique au profit d'un siège épiscopal et que les évêques de Trèves et de Liège ne voulaient pas qu'on réduise les dimensions de leurs évêchés. La foi des petites gens resta donc fortement mêlée de superstition. Ni Luther ni Calvin ne firent de prosélytes dans le duché de Luxembourg.

La visite pastorale de 1569/70 révéla une situation catastrophique et il fallut attendre l'arrivée des jésuites qui fondèrent un collège dans la capitale en 1603 et érigèrent l'église Notre-Dame (qui devint église cathédrale en 1870), pour voir une lente amélioration de la situation religieuse. L'école compta bientôt quatre cents élèves et cinquante jésuites. Un catéchisme composé tout exprès fut imprimé à Luxembourg en 1624. Des missions populaires introduisirent la contre-réforme catholique dans la province. Des confréries de prière, entre autres d'étudiants, veillèrent à revivifier la pratique religieuse orthodoxe. En 1627, sous l'impulsion de la classe dirigeante politique, la congrégation des sœurs de Notre-Dame, originaire de Nancy, ouvrit une école de filles. La vénération de Marie Consolatrice des Affligés apparut en 1624 dans la mouvance des jésuites. La statue vêtue à la mode espagnole, installée dans une chapelle à l'extérieur des remparts, devint rapidement le centre d'un pèlerinage. Dans le sillage de la guerre de Trente ans, à laquelle ne survécut que la moitié de la population du duché, la mère de Dieu fut élue patronne de la ville en 1666 par les instances officielles de la cité et, en 1678, le Conseil provincial en fit la patronne de la province qu'elle devait protéger contre la famine, la peste et la guerre.

Conquêtes françaises

Avec la Paix des Pyrénées qui, en 1659, ne mit que momentanément fin à la guerre franco-espagnole, l'Espagne dut renoncer au sud du duché de Luxembourg, avec les villes de Thionville et de Montmédy. Louis XIV ne laissa aucun répit à son adversaire espagnol et, en 1684, la place-forte de Luxembourg capitula après plusieurs mois de siège et de bombardements par le maréchal français François de Créqui et l'expert en poliorcétique Sébastien de Vauban. Deux tiers des maisons d'habitation furent à ce point endommagés que les soldats n'y purent plus prendre leurs quartiers. Vauban s'attela à l'expansion des fortifications et des casernes; il y associa aussi pour la première fois les hauteurs en face de la ville, pour qu'à l'avenir les batteries de canons ennemies ne puissent s'y installer pour bombarder le centre de la ville de Luxembourg. C'est Vauban qui donna à la ville l'aspect qu'elle a conservé jusqu'à ce jour, tandis qu'on détruisait châteaux-forts et remparts dans le reste du duché. Pour assurer un lien durable avec la France, des décrets royaux encouragèrent l'immigration de Français dans ce duché qui fut rattaché à la généralité de Metz et qui était très affaibli sur le plan démographique. La visite royale de 1687 fit voir que la bourgeoisie de la ville n'était pas hostile à la nouvelle administration. Certains notables luxembourgeois s'y assurèrent même des charges lucratives. Cependant, dès la Paix de Rijswijk, Louis XIV (1643-1715) dut renoncer au Luxembourg, tandis qu'il pouvait rattacher définitivement la Franche-Comté à la France. La guerre de succession d'Espagne (1701-1714) entraîna une nouvelle occupation militaire du Luxembourg mais les traités de paix d'Utrecht et de Rastatt assignèrent désormais le duché aux souverains autrichiens de la maison de Habsbourg. A partir de ce moment, le duché connut une longue période sans acte de guerre sur son territoire.

CHAPITRE XI

Le Luxembourg sous l'absolutisme réformateur autrichien

Si l'empereur Charles VI (1714-1740) avait déjà annoncé des réformes, ce ne fut que Marie-Thérèse (1740-1780) qui parvint à les mettre en œuvre, tandis que son fils Joseph II (1780-1790), qui voulut remodeler la société de manière encore plus radicale, finit par échouer. Marie-Thérèse formula son interprétation du despotisme éclairé en termes très concrets: «Je dois protection et justice à mes sujets, ils me doivent obéissance et contributions». Il était dans l'intérêt des souverains à Vienne d'augmenter les recettes d'impôts aux Pays-Bas et, à cette fin, ils rationalisèrent l'administration. Cela entraîna *de facto* une modernisation de l'économie et de la société elle-même. Dans le cadre des «provinces belges», le duché de Luxembourg servit assez souvent de laboratoire expérimental à l'Empire autrichien pour l'introduction de nouvelles mesures administratives.

Jusqu'ici, la contribution fiscale exigée par le gouvernement de Vienne était entérinée par les états provinciaux luxembourgeois, qui ne pouvaient cependant pas contrôler l'affectation des dépenses – des réductions n'étaient possibles que dans des cas exceptionnels –, répartie entre les communautés par le Conseil provincial sur la base d'un recensement actualisé pour la dernière fois en 1659, et collectée sous le contrôle du receveur général à Bruxelles. Toutes les réformes se heurtaient aux privilèges fiscaux de la noblesse et du clergé, de sorte que la population des campagnes dut largement porter seule le fardeau de l'impôt. Du fait de la déstructuration démographique consécutive aux guerres du XVIIe siècle, il y avait longtemps que l'assiette fiscale ne correspondait plus à la réalité. En revanche, l'entretien de la Cour, l'expansion de l'administration et les guerres avaient fort accru les besoins financiers de l'Etat central. C'est pourquoi, en 1766, Marie-Thérèse ordonna pour la première fois dans son Empire un recensement de la population et l'introduction d'un cadastre foncier dans cette province de 10 000 km^2. Cette mesure ne visait pas seulement une répartition plus juste de l'impôt, mais encore un renforcement de l'Etat central; dirigée par le jeune Jean Philippe de Cobenzl, l'opération fut un succès politique et fiscal. C'est ainsi que fut brisée, en 1771, la résistance d'une noblesse de toute façon appauvrie et souvent au service de seigneurs étrangers: son exonération fiscale fut abolie et, pour faire partie de l'état noble, elle dut prouver la possession d'une seigneurie foncière avec droit de haute justice, mesure qui fit passer cet état de quarante à deux membres.

Les états provinciaux durent désormais justifier chaque dépense sur leurs fonds propres. A partir de 1775, tous les maires et échevins furent nommés à vie et non plus élus par les bourgeois. Les finances des villes furent soumises directement au contrôle du gouvernement de Bruxelles. Les pouvoirs des corporations furent également rabotés; en 1784, leur monopole de production fut supprimé et elles durent accepter tous les candidats à la formation d'apprenti ou de compagnon. Au contraire, quand l'empereur Joseph II tenta de remplacer les provinces par dix cercles administratifs sans tenir compte des frontières historiques et de centraliser l'administration de la justice pour séparer les pouvoirs judiciaire et exécutif, il se heurta à la résistance des provinces belges qui, en 1789, déboucha sur une révolution conservatrice.

Depuis Charles VI, tant l'administration centrale que le Conseil provincial souhaitaient une refonte énergique du réseau routier. L'état lamentable des routes empêchait les importations en temps de crise et les exportations en cas de surplus de production et amenait ainsi essentiellement à faire dépendre des intempéries l'approvisionnement de la province, avec une hausse des prix concomitante et problématique en cas de mauvaise récolte. En 1718, l'empereur approuva le vœu des états provinciaux d'entreprendre la construction des routes de leur propre initiative et consentit à la levée d'un impôt extraordinaire dont ils pouvaient disposer tout seuls. La commission des états nommée à cet effet se transforma dans une certaine mesure en gouvernement provincial embryonnaire. La construction d'une nouvelle route d'Etat entre Bruxelles et Luxembourg passant par Namur et Neufchâteau ne fut entamée qu'en 1766, parce que les états provinciaux préconisaient une liaison directe par Bastogne, tandis que le gouvernement central, pour des raisons de politique douanière, voulait éviter un tracé qui passât par des exclaves liégeoises et par le duché de Bouillon. Le travail forcé des paysans permit d'achever la route en 1772. Ainsi l'Etat central mit-il aussi à profit la construction des routes pour imposer sa tutelle aux états provinciaux tout en devant recourir à leur concours pour assurer le ravitaillement des armées stationnées dans la province.

Malgré les entraves au commerce mentionnées plus haut, de nouveaux bourgeois très importants se fixèrent dans la capitale provinciale. En 1736, vint s'y établir Jules Joseph Antoine Pescatore qui, avec ses frères et cousins de Coblence, fut actif dans le commerce du textile et des denrées coloniales (tabac, épices) et exerça aussi une activité de banquier. De plus, il reprit le moulin à papier de son beau-père, acheta un moulin à tabac et exploita les mines de cuivre de Stolzembourg. Sa collection d'œuvres d'art constitue le fonds de départ de l'actuel Musée d'art de la Ville de Luxembourg. Au début du XIXe siècle, notamment grâce à l'achat de biens nationaux, ses successeurs accédèrent à la classe dirigeante politique.

La production préindustrielle se limitait dans une large mesure aux tanneries de cuir et aux moulins à papier ainsi qu'aux manufactures textiles. Ces dernières profitèrent de l'ordre donné par Marie-Thérèse de faire fabriquer dans la province les uniformes de la garnison, mais restaient sous le contrôle strict des corporations. La production de fer à partir de minette et de charbon de bois eut également une certaine importance; elle était aux mains de la noblesse et des monastères, car ce mode de création de richesse ne leur était pas interdit. En 1754, le roulement de l'abattage des bois fut raccourci de soixante à trente ans pour rencontrer la demande croissante de charbon de bois. En 1766, les frères Boch, originaires de Lorraine, obtinrent l'autorisation impériale de construire une faïencerie à proximité de carrières d'extraction d'argile, sur un terrain mis à disposition par la ville de Luxembourg mais hors d'atteinte des corporations. Grâce à des conditions de taxation favorables, ils purent livrer dans tout l'Empire, mais surtout aux Pays-Bas. Dès 1784, cette fabrique occupait trois cents travailleurs. La faïencerie Villeroy et Boch se maintint au même emplacement jusqu'en 2010.

L'impératrice encourageait l'individualisme agraire : en 1770, elle accorda la liberté de clôture des prairies et des champs et en 1778, le partage des communaux (terres possédées en commun par les habitants du village). Dès 1752, elle interdit les corvées, que la noblesse cherchait de nouveau à imposer, pour compenser la décroissance de sa part à l'amélioration des revenus agraires. Le Conseil provincial réussit à convaincre les autorités de Bruxelles de ne pas soumettre à la dîme la récolte des pommes de terre parce que cette nouvelle plante soulageait fort la misère des gens ordinaires. En 1782, Joseph II abolit le servage et en 1787, la torture.

Si sa mère Marie-Thérèse avait déjà supprimé l'ordre des jésuites, Joseph II abolit tous les ordres religieux contemplatifs ; seuls les ordres enseignants et hospitaliers purent continuer d'offrir leurs services. A l'Edit de Tolérance de 1781 succédèrent, en 1786, l'interdiction de presque tous les pèlerinages, y compris de la procession dansante d'Echternach (avec l'assentiment de l'évêque de Trèves) et de l'octave de la Vierge Marie à Luxembourg, le regroupement de toutes les kermesses le deuxième dimanche après Pâques et l'union de toutes les confréries en une « Confrérie pour l'amour actif du prochain ». Tous les candidats à la prêtrise étaient obligés de fréquenter le Séminaire général à Louvain ; celui-ci dut ouvrir une filiale dans la partie germanophone du duché : exemple unique, il est vrai, de prise en compte d'une particularité provinciale. Au Luxembourg, l'Eglise était habituée à la tutelle d'une autorité supérieure depuis l'instauration du *placet* par les ducs de Bourgogne ; aussi accepta-t-elle sans résistance active la politique joséphiste à son égard.

En 1787, une révolte réactionnaire contre les réformes de Joseph II éclata dans l'ouest des Pays-Bas autrichiens. Comme l'empereur, contre le conseil de ses fonctionnaires, n'était prêt à aucune concession, l'armée autrichienne se replia sur le Luxembourg. En 1790, Léopold, le nouvel empereur, annula toutes les mesures prises par son frère, à l'exception de l'abolition du servage.

On a parfois interprété la non-participation du Luxembourg, y compris de la noblesse, à la Révolution brabançonne comme l'indice d'un particularisme provincial, quand ce ne fut pas comme le stade préliminaire d'un nationalisme luxembourgeois. L'historien Gilbert Trausch en voyait plutôt les fondements dans la séparation géographique (Ardenne) et politique (principauté épiscopale de Liège) du reste des Pays-Bas – un argument qu'on peut mettre en doute si l'on pense au nouveau réseau routier – et dans le manque d'homogénéité culturelle. Les habitants des deux régions linguistiques poursuivaient aussi des intérêts économiques différenciés: les habitants de l'Ouest wallon étaient tournés vers Namur et le Brabant, l'Est germanophone vers Trèves. Au contraire de ce qui se passa en Brabant, l'Eglise ne put jouer ici de rôle dirigeant, parce que le duché était partagé entre cinq évêchés et parce que le *placet* permettait de contrer toute intervention de celle-ci dans la politique.

L'agrandissement de la forteresse de Luxembourg lui valut le nom de «Gibraltar du Nord». Il n'y a pas de doute que les conditions de vie dans le duché se soient améliorées sous la domination autrichienne: les famines se raréfièrent, le pays fut épargné par les épisodes guerriers. Néanmoins, les impôts de guerre augmentèrent et les jeunes hommes furent enrôlés dans l'armée impériale. Encore que la province ne constituât que 10% de la population des Pays-Bas autrichiens, en 1786, elle fournissait 17% des recrues, ce qui est plutôt un indice de pauvreté domestique. Il serait faux de conclure à un «âge d'or» d'après les grandes fermes conservées de l'époque thérésienne, parce que les très nombreuses maisons de bois et cabanes des journaliers n'ont pas laissé de trace vu le caractère périssable des matériaux de construction. Avant l'invasion des troupes révolutionnaires françaises, en dépit des réformes imposées d'en haut, pas grand-chose n'avait changé dans les structures traditionnelles de cette société à états et économiquement arriérée.

CHAPITRE XII

Le département des Forêts

Le 20 avril 1792, la France déclara la guerre à l'Autriche. En 1794, elle occupait la rive gauche du Rhin, la Belgique, la Hollande et de grandes parties du duché de Luxembourg. Saint-Hubert, dans les Ardennes, devint le siège provisoire de l'administration française. La forteresse de Luxembourg, dernier bastion autrichien à l'ouest du Rhin, fut assiégée à partir du 21 novembre 1794. La garnison affamée capitula le 7 juin 1795. Le 1er octobre 1795, la Convention, à Paris, décida le rattachement des Pays-Bas et de la principauté épiscopale de Liège à l'Etat central français et divisa le territoire conquis en neuf départements, sans égard pour la partition historique de l'espace et sans que cela suscite de protestation régionale. Tandis que la plus grande partie de l'ancien duché de Luxembourg constituait le département des Forêts, des zones situées dans l'ouest et le nord furent réunies avec des territoires relevant de Liège et de Namur pour former les départements de l'Ourthe et de Sambre-et-Meuse. En 1797, le traité de Campo Formio donna une sanction internationale à ces changements territoriaux.

Le Luxembourg n'était pas préparé à l'instauration du régime républicain. Même dans la capitale, une bourgeoisie ouverte aux idées de la Révolution ne joua aucun rôle. L'exploitation des paysans par le prince territorial s'était déjà considérablement atténuée grâce aux réformes du XVIIIe siècle. La religion catholique était solidement ancrée dans le peuple et le clergé partageait la pauvreté de la population rurale. Dans les années 1789/90, les brochures publiées en Belgique qui revendiquaient la Liberté, l'Egalité et la Fraternité pour la nation luxembourgeoise n'étaient que des initiatives individuelles sans soutien ni écho dans le peuple. Depuis 1789, quelques nobles et prêtres français avaient choisi de fuir en passant par le duché et y avaient bien sûr battu le tambour contre-révolutionnaire. En outre, certains indices permettent de penser que lors de sa tentative de fuite du 20 juin 1791, le roi voulait rejoindre le territoire autrichien à Luxembourg. Bien qu'une milice citoyenne de volontaires ait soutenu la garnison autrichienne, le représentant du peuple français fut accueilli avec cérémonie dans la capitale, le 12 juin 1795. La municipalité et les chefs des corporations, d'une part, les états provinciaux, de l'autre, l'assurèrent que le Luxembourg servirait la République française avec la même loyauté dont il avait fait preuve envers ses anciens dirigeants.

Des tensions commencèrent à se manifester lorsque des fonctionnaires français furent envoyés au Luxembourg : ils fermaient non seulement l'accès des autochtones à la fonction publique, mais de surcroît ne maîtrisaient pas l'allemand. Les lois du Directoire, qui instaurèrent le calendrier républicain et le système métrique, supprimèrent toutes les manifestations extérieures du culte (processions, sonneries de cloches, soutane, croix au bord des routes), interdirent la vente de poisson le vendredi, imposèrent la dissolution des monastères, remplacèrent les registres paroissiaux par l'état civil et abolirent les corporations, ne suscitèrent pas d'agitation, mais ne furent pas respectées. C'est pourquoi le Directoire exigea en 1797 de tous les fonctionnaires et du clergé un serment de haine envers la monarchie qui fut prêté par la plupart des fonctionnaires dans la partie occidentale du département. En revanche, en dépit de l'attitude conciliante de l'archevêque de Trèves, 825 prêtres sur 1 106 refusèrent le serment ; ils furent punis par la mise sous séquestre des biens paroissiaux et 64 d'entre eux, par la déportation. La plupart trouvèrent refuge dans les fermes de leur paroisse.

En 1796, lorsque les paysans furent obligés pour la première fois de fournir des prestations de transport pour l'armée du Rhin, il y eut des refus, car la propagande contre-révolutionnaire considérait cette mesure comme un premier pas vers le service militaire obligatoire. Les réfractaires furent relaxés par les justices de paix qu'on venait d'instaurer (une par canton) car c'étaient des gens du pays qui les exerçaient. Des troubles éclatèrent en 1798, lorsque la conscription fut instaurée pour les années de naissance 1775 à 1778. Des soulèvements simultanés se produisirent en Flandre, en Campine, dans les Ardennes, dans l'Ösling et dans l'Eifel, de sorte qu'on peut penser à un pilotage central par des espions autrichiens ou britanniques. Les paysans, solidaires du clergé, souffraient de l'abolition de la «culture obligée» (all. *Flurzwang*, culture obligatoire simultanée des mêmes produits sur différentes parcelles) et des droits d'utilisation collective (prairies, bois), grâce auxquels ils augmentaient les maigres revenus de leur petite propriété. Le mouvement manquait cependant de direction, de formation et d'équipement militaire. En luxembourgeois, on le désigna sous le nom de *Klëppelkrich* («guerre des gourdins») parce que ses participants étaient armés de bâtons. En conséquence, les troupes françaises purent mater la révolte en deux jours, en dépit de leur infériorité numérique. Deux cents à trois cents paysans perdirent la vie à cette occasion dans le département des Forêts; 35 des 78 personnes arrêtées furent condamnées à mort. Après 1839, cet épisode fut présenté comme une première tentative de combat de libération nationale. Sous Napoléon, environ cinq mille jeunes hommes du département durent prester le service militaire; seuls quelques-uns désertèrent mais près de la moitié perdit la vie.

Les bourgeois des villes – qui n'avaient pas participé au *Klëppelkrich* – profitèrent des premières élections pour élire des candidats antirépublicains, de sorte que les autorités françaises en annulèrent les résultats. Peu à peu se mit en place un partage des fonctions administratives entre fonctionnaires luxembourgeois et français tel que le commissaire de la République, plus tard le préfet, était toujours un Français. Les bourgeois riches achetèrent aussi en vente publique des biens nationaux confisqués à l'Eglise et à la noblesse. Ils purent agrandir largement leur part de marché grâce à la suppression des frontières. L'ancien échevin Jean Henri Dondelinger, par exemple, acheta l'église abbatiale d'Echternach et la transforma en faïencerie. L'instauration d'un code civil ordonnée par Napoléon, avec sa protection des libertés bourgeoises, arrangeait fort bien cette couche sociale.

Au printemps 1814, l'invasion des troupes hessoises marqua la fin de la domination française. Mais la pensée républicaine eut des effets durables : la bourgeoisie avait définitivement réduit le rôle dominant de la noblesse, tandis que la liberté de commerce et d'entreprise l'avait emporté. Dans ses grandes lignes, le nouveau code civil instauré en 1804 est encore en vigueur de nos jours, de même que le système métrique, la rémunération du clergé par l'Etat, l'administration communale et l'assistance sociale. Les restes des bibliothèques monastiques sécularisées, pour autant qu'elles n'aient pas été victimes de pillages, furent rassemblés dans la bibliothèque du département, la future Bibliothèque nationale de Luxembourg. Dans leur fuite, les moines avaient emporté le trésor de l'abbaye d'Echternach avec eux à Erfurt où ils le vendirent au duc de Gotha, tandis que Paris réquisitionna les 84 coûteux manuscrits d'Echternach et d'Orval restants pour sa Bibliothèque nationale.

CHAPITRE XIII

La naissance du Grand-Duché de Luxembourg

Les suites du Congrès de Vienne (1815)

Après la chute de Napoléon, le Congrès de Vienne opéra une réorganisation totale du nord-ouest de l'Europe. Les Habsbourg renoncèrent à leurs possessions néerlandaises en faveur de territoires italiens. La Prusse, qui souhaitait étendre son territoire jusqu'à la Meuse, en fut empêchée par la Grande-Bretagne qui réclamait la création d'un Etat tampon constitué des Pays-Bas et des anciennes provinces belges des Habsbourg. Comme Guillaume d'Orange-Nassau perdait des territoires en Rhénanie et en Hesse au profit de la Prusse, le Congrès décida, en compensation, d'ériger une grande partie de l'ancien duché de Luxembourg en un nouvel Etat souverain. Guillaume Ier, en tant qu'ancien gouverneur et nouveau roi des Provinces-Unies, se vit décerner à cette occasion le titre de grand-duc. Le grand-duc de Luxembourg devrait adhérer à la Confédération germanique. Les territoires situés à l'est de la Moselle, de la Sûre et de l'Our furent attribués à la Rhénanie prussienne. Le duché de Bouillon, indépendant jusqu'en 1795, fut en revanche incorporé au Grand-Duché. En 1818, Guillaume Ier ajouta aussi au Grand-Duché des territoires des provinces de Namur et de Liège (pas seulement ceux qui avaient appartenu au duché jusqu'en 1795).

Dans la loi fondamentale de son royaume, Guillaume Ier ne faisait aucune différence entre le Luxembourg et les dix-sept autres provinces. Malgré cela, quatre-vingt-cinq représentants (convoqués par le roi grand-duc) de l'ancien duché de Luxembourg approuvèrent la loi fondamentale à l'Assemblée des Notables; seuls dix représentants du Cercle de Marche/Saint-Hubert votèrent « Non » en vain, comme 60% des délégués des provinces belges.

Guillaume Ier fit rénover les routes, creuser un canal Moselle-Meuse (qui ne fut jamais achevé), réaliser une réforme scolaire, fonder des universités d'Etat, et institua la langue néerlandaise comme deuxième langue de l'administration à côté du français. La politique fiscale, conçue pour les riches provinces du Nord, fit monter les prix des denrées alimentaires de base et fut de ce fait un lourd fardeau pour le pauvre Luxembourg. Les Luxembourgeois étaient exclus des responsabilités gouvernementales, de l'administration centrale et même de la représentation à la Confédération germanique. Les fonctionnaires néerlandais ne transmettaient pas à La Haye les récriminations de la population à ce propos. Quant à l'Eglise du Luxembourg, dont le clergé était formé à Louvain, elle fut désormais rattachée au diocèse de Namur et accepta la poursuite d'une politique religieuse joséphiste.

Les origines du traité de Londres (1839)

En conséquence, les bourgeois du Grand-Duché, opposés à la domination autoritaire de Guillaume, fraternisèrent avec la révolution qui avait éclaté à Bruxelles à la fin août 1830, même si leurs mobiles n'étaient pas ceux de la bourgeoisie libérale et de l'Eglise catholique belges, mais consistaient avant tout dans la protestation contre des charges fiscales insupportables. On hissa le drapeau belge dans tout le Grand-Duché, sauf dans la capitale, où les porte-parole orangistes – et donc fidèles à la maison d'Orange – de la bourgeoisie restèrent fidèles au roi sous la protection d'une forteresse fédérale occupée par une garnison prussienne. De jeunes Luxembourgeois se rendirent à Bruxelles pour aider le nouvel Etat à combattre les troupes néerlandaises. Le 6 octobre, lorsque le gouverneur Jean Georges Willmar martela dans une proclamation que le Congrès de Vienne avait confié à un seul et même prince « deux souverainetés mutuellement indépendantes », et mit en exergue qu'« une nationalité propre … attachée au sol luxembourgeois» avait été violée par une ingérence belge, il était trop tard. De même, la décision royale du 31 décembre 1830 de donner au Grand-Duché une administration propre séparée de celle des Pays-Bas, fut un coup dans l'eau ou ne toucha que la capitale. En effet, le 16 octobre 1830, le gouvernement provisoire belge avait décidé que le Luxembourg ferait partie de la Belgique et y avait nommé un gouverneur qui siégerait à Arlon. Aux élections (censitaires) organisées le 3 novembre 1830 en vue d'élire le Congrès national, le Luxembourg envoya seize des deux cents délégués. Le Luxembourgeois Jean-Baptiste Nothomb, originaire de Messancy, fut membre du gouvernement qui élabora le projet de constitution libérale belge de 1831.

La conférence des grandes puissances à Londres, à laquelle Guillaume Ier avait fait appel, reconnut l'indépendance de la Belgique le 20 décembre 1830. Après de longues négociations, les diplomates proposèrent un compromis qui aboutissait à une partition du Grand-Duché entre la Belgique et le roi-grand duc. Le Parlement belge accepta le projet de traité, Guillaume le rejeta. Dans le *statu quo* qui s'en suivit, l'administration belge fut maintenue, sauf dans la capitale qui resta sous la souveraineté néerlandaise.

Ce n'est qu'en 1838 que Guillaume Ier se décida à reconnaître la partition du Grand-Duché, sous la pression d'une capitale qui se dépeuplait. Bien que des voix patriotiques et démocratiques revendiquant le respect de la volonté des Luxembourgeois à l'égard de l'union avec la Belgique se soient fait entendre pour la première fois en Belgique, le Parlement belge vota aussi la partition avec 58 voix contre 42. Tous les délégués luxembourgeois avaient voté contre la partition, parce qu'ils embrassaient la cause de l'Etat unitaire. Seuls les deux membres luxembourgeois du gouvernement, Nothomb et Willmar, y étaient favorables. Le traité de Londres du 19 avril 1839 scella cette division. Un espace uni pendant des siècles sur le plan institutionnel mais dont les habitants avaient rarement exprimé le souhait d'être autonomes fut donc partagé: l'ouest wallon resta avec la Belgique, l'est germanophone fut définitivement déclaré indépendant avec le roi des Pays-Bas à sa tête comme souverain grand-ducal.

Premières étapes de l'indépendance

En 1815 comme en 1839, des puissances étrangères avaient statué sur l'autonomie étatique du Luxembourg. Les habitants de la province belge de Luxembourg et leurs concitoyens du reste de la Belgique attendaient dans un proche avenir le jour de la réunification avec ce quartier qui, de leur point de vue, avait été séparé à tort et auquel aucun gouvernement européen ne donnait de chance de survie. Jusqu'en 1865, une loi belge accorda un tarif douanier préférentiel aux marchandises luxembourgeoises afin de maintenir le lien économique avec le quartier détaché du pays. Dans ce Luxembourg-croupion, les étapes suivantes furent d'autant plus importantes qu'elles devaient mener de la nouvelle indépendance à la viabilité.

En 1840, Guillaume Ier abdiqua en faveur de son fils. En 1841, Guillaume II fut le premier souverain néerlandais qui entreprit un voyage d'information dans son Grand-Duché; il assura que le pays serait gouverné par des Luxembourgeois. Il fallait résoudre trois ensembles de problèmes:

a) l'Etat devait avoir sa propre constitution: Guillaume II concéda une charte, une Constitution d'états, conforme aux principes de restauration propres à la Confédération germanique. L'assemblée des états fut désignée pour la première fois par le roi-grand duc et renouvelée ensuite par moitié selon un système de suffrage censitaire. Elle détenait uniquement un droit de contrôle sur le budget des dépenses extraordinaires;
b) le Luxembourg manquait d'administrations compétentes; pour les créer, on fit appel à des modèles de l'époque française (1795-1814). La langue de l'administration serait dorénavant le français, la langue de la bourgeoisie cultivée. Le législateur fit des emprunts systématiques aux trois pays voisins pour trouver chaque fois la réponse la plus adéquate à ses propres problèmes, qu'il s'agisse du code de la nationalité, de l'organisation communale, de l'urbanisme ou d'autres matières. Un contingent militaire stationné à Diekirch et Echternach remplissait les obligations militaires fédérales. Le jeune Etat ne créa cependant pas d'université qui lui soit propre et n'instaura l'enseignement obligatoire qu'en 1881;

c) le pays n'était pas viable sans développement économique. Pour résoudre ce problème, on prit exemple sur le modèle allemand, même si, en fin de compte, ce fut plus la pression de la Prusse que la demande luxembourgeoise qui provoqua l'accession à l'Union douanière allemande. Le Luxembourg était représenté indirectement par la Prusse à la Conférence de l'Union douanière; au Luxembourg, l'administration des douanes était placée sous la direction prussienne. Le gouvernement imposa la construction de routes et entama celle d'une voie de chemin de fer. Des allégements fiscaux contribuèrent à un essor économique rapide et sensible.

Il s'agissait avant tout – consciemment ou inconsciemment – de rassembler en une nation la population restante (52% des anciens habitants sur 37,5% de la superficie de l'ancien Grand-Duché). La fonction publique joua un rôle capital à cet égard: elle avait intérêt à la pérennisation du nouvel Etat, organisa des festivités nationales, érigea des monuments et son loyalisme envers l'Etat imprégna jusqu'à ses activités de loisir. Le rôle de la langue dans la construction nationale est contesté: quelques historiens soutiennent que la nouvelle frontière longeait la frontière linguistique franco-allemande, de sorte que désormais quasi tous les habitants du Luxembourg utilisaient la même variante linguistique, qui fut nommée allemand luxembourgeois, et qui aurait rempli la principale condition de la construction nationale du Luxembourg. Ces historiens oublient que le Grand-Duché comportait aussi quelques villages francophones et que la région germanophone autour d'Arlon revint à la Belgique – parce que la France ne pensait pas que le Luxembourg fût capable de défendre efficacement l'importante route stratégique qui allait de Longwy à Namur –, tandis qu'à l'Est s'étendait un continuum linguistique transfrontalier.

Parmi les lois les plus importantes des premières heures, on retiendra la loi scolaire de 1843 qui prescrivit l'apprentissage du haut allemand et du français dès l'école primaire. Le nouveau pays cherchait ainsi à se rattacher aux deux bassins culturels auxquels il avait appartenu depuis toujours. Dans le même temps, l'école primaire faisait du trilinguisme une caractéristique majeure des Luxembourgeois. Ce fut aussi le début d'une expansion fonctionnelle de la langue luxembourgeoise qui se maintient encore au XXIe siècle. Tandis que le français était la langue de l'administration et de la justice et que les textes législatifs étaient publiés en deux langues, l'allemand était la langue de l'Eglise (jusque vers la fin du XXe siècle) et fut de plus en plus celle d'une presse qui se développa rapidement après 1848. La haute bourgeoisie préférait le français et excluait ainsi de la vie politique les couches moins cultivées de la population. Entre eux, les gens parlaient *Lëtzebuergesch* (luxembourgeois) mais personne ne revendiquait de langue nationale. Les premiers textes littéraires en luxembourgeois remontent aussi à ces années de la fondation de l'Etat, en particulier de la poésie lyrique et du théâtre, deux genres de poésie orale, tandis que le roman luxembourgeois ne parvint à s'imposer que vers la fin du XXe siècle. Les premiers traités d'orthographe et de grammaire du *Lëtzebuergesch* ainsi qu'un premier dictionnaire parurent à la même époque. Des peintres influencés par le romantisme et l'historicisme fixaient paysages, bâtiments et monuments ainsi que des scènes d'histoire.

Les historiens, membres de la classe dirigeante en grande partie « orangiste », composèrent pour le jeune Etat un « grand récit » qui en faisait remonter les origines au Moyen Age. Ce récit rattachait les souverains actuels à l'époque brillante des empereurs et des rois de la maison de Luxembourg et interprétait les époques des souverainetés bourguignonne, habsbourgeoise et française comme le temps des dominations étrangères. Le concept était lié à la notion d'illégitimité dans l'usage linguistique émergeant des historiens allemands. On soulignait en même temps le particularisme de la province de Luxembourg sous l'Ancien Régime pour fonder historiquement la distance à l'égard du nouveau voisin belge. En 1845 naquit la « Société pour la recherche et la conservation des monuments historiques... », aussi appelée « Société archéologique », qui devint en 1868 une section de l'Institut grand-ducal, mais celui-ci n'évolua pas en Académie des Sciences. Ce n'est qu'en 1895 que des historiens de tendance catholique fondèrent la revue *Ons Hémecht* (« Notre patrie ») qui reprit le grand récit sans en rien retrancher.

L'Eglise catholique fit aussi le pas vers l'indépendance de l'Etat : en 1840, le Grand-Duché fut séparé du diocèse de Namur et érigé en vicariat apostolique indépendant sous l'évêque Jean-Théodore Laurent. Un séminaire vit le jour à Luxembourg en 1845. La bourgeoisie anticléricale se heurta aussi bien aux prétentions exclusives du vicariat qu'aux fortes tendances ultramontaines de l'évêque Laurent qui, avec l'accord du roi grand-duc, refusa de prêter le serment prescrit par le concordat de 1801. En 1870, le pape Pie IX fit du Luxembourg un évêché indépendant, de nouveau sans négocier avec le gouvernement.

La révolution de 1848 : rattachement à l'Empire allemand ?

Diverses raisons firent que la révolution européenne de 1848 s'étendit aussi au Luxembourg. Les mauvaises récoltes des années 1846 à 1848 et les prix élevés du pain faisaient enfler depuis un certain temps la grogne des couches basse et moyenne de la population qui eurent en outre à souffrir de l'interdiction des toits de chaume promulguée en 1845. Les impôts impopulaires et la coûteuse liste civile du roi accrurent les raisons de protester. La fureur populaire fut enflammée davantage encore par les compagnons artisans et les servantes revenant de Paris où ils avaient été licenciés à la suite des troubles survenus là-bas. Ils hissèrent le drapeau français, non pour encourager un rattachement à la France, mais pour se ranger derrière les idéaux de la révolution. D'autres, avec le drapeau belge, rappelaient la révolution de 1830. L'évêque Laurent prit position en faveur des revendications sociales et réclama la liberté de la presse et la liberté de réunion. Le camp « progressiste-libéral » bourgeois exigeait en outre une constitution parlementaire. Dans les quartiers ouvriers des villes, des voix plus radicales revendiquaient des mesures étatiques de création d'emplois, des lois sur le maximum des prix et des salaires minimums en plus du droit de vote et de l'enseignement pour tous. Un vaste mouvement pétitionnaire s'empara de tout le pays. Dans la ville de province d'Ettelbrück, des affrontements avec la gendarmerie eurent lieu à la mi-mars. C'est en 1848 qu'apparaissent pour la première fois des camps politiques bien définis.

Sous la pression de la rue, Guillaume II concéda, le 18 mars, la liberté de la presse et l'élection d'une assemblée des états avec mission constituante. Cinq jours plus tard, des catholiques fondèrent le *Luxemburger Wort*, journal d'inspiration plutôt germanophile. Bien reçu dans les campagnes comme dans le milieu ouvrier, c'est aujourd'hui un des plus anciens quotidiens d'Europe. Le gouvernement conservateur maintint le suffrage censitaire restrictif qui liait les voix au niveau d'imposition. Toutefois, la fraction libérale parvint à imposer une constitution inspirée du modèle belge, à ceci près que l'Eglise n'eut pas la liberté de fonder des écoles. Le Luxembourg devint une monarchie constitutionnelle, sans que le principe de la souveraineté de la nation soit ancré dans le texte de la constitution. Le Parlement ne trouva pas de réponse aux problèmes sociaux.

La révolution de 1848 avait pris en partie des allures de guerre culturelle. Le gouvernement anticlérical obtint le rappel du vicaire apostolique Jean-Théodore Laurent auquel il reprochait la forte influence cléricale sur le système scolaire et sa lutte contre la franc-maçonnerie ; il l'accusait aussi d'avoir ourdi une manifestation contre le marchand de céréales et bourgmestre libéral Ferdinand Pescatore.

La question cruciale était pourtant celle de l'indépendance de l'Etat luxembourgeois. Le 3 avril, le gouvernement fit hisser le nouveau drapeau fédéral allemand à côté du luxembourgeois pour opposer ce symbole aux drapeaux révolutionnaires français et belges ; il publia aussi une proclamation au peuple qui disait : « Ce drapeau est la protection de toutes les nationalités allemandes. Il est le symbole des libertés et de la renaissance confédérale de l'Allemagne. ... Une réunification étroite avec l'Allemagne est notre droit, notre devoir et notre salut ». Et le président du gouvernement, Ignace de la Fontaine d'ajouter : « Nous ne pouvons renier notre nature, nous sommes des Allemands ». Néanmoins, le Parlement donna la claire mission aux trois représentants du Luxembourg à l'Assemblée nationale de Francfort de défendre l'indépendance du Luxembourg et de soumettre toutes les décisions à la ratification de la Chambre des députés et du roi grand-duc. L'Assemblée, réunie dans l'église Saint-Paul, échoua sur la voie de l'unité allemande, ce qui coupa court à l'idée d'inclure le Luxembourg dans un Empire allemand. La classe politique luxembourgeoise naissante fut donc contrainte de réfléchir à l'indépendance du nouvel Etat.

Guillaume II mourut en 1849. Son fils Guillaume III en revint à un style de gouvernement autoritaire dans le sillage de la politique de restauration de la Confédération germanique. Par le coup d'Etat de 1856, il prononça la dissolution du Parlement parce que les députés se refusaient à modifier la constitution dans un sens réactionnaire et décréta une constitution autoritaire. Un Conseil d'Etat nommé par le roi grand-duc examinait désormais les propositions de loi et faisait fonction de juridiction administrative. En 1868, l'Assemblée des états put remettre en vigueur la constitution libérale contre la volonté du souverain isolé par la dissolution de la Confédération germanique. Elle maintint cependant ce Conseil d'Etat qui n'avait pas de légitimité démocratique comme une sorte de seconde chambre sans droit d'initiative.

L'importance de la crise luxembourgeoise de 1867

L'indépendance du Luxembourg fut à nouveau mise en cause en 1867. En compensation de sa neutralité dans la guerre austro-prussienne de 1866, Napoléon III avait exigé le contrôle de la forteresse de Luxembourg. Le roi grand-duc Guillaume III était prêt à passer outre à l'inaliénabilité constitutionnelle du territoire de l'Etat, mais Bismarck s'opposa à la cession: entre-temps le Luxembourg était devenu trop important sur le plan politique, militaire et économique pour que la Prusse le cédât à la France.

Pour conjurer la guerre imminente dans l'affaire du Luxembourg, une conférence réunie à Londres prescrivit, par le traité du 11 mai 1867, une neutralité garantie par la France, la Grande-Bretagne, la Prusse, l'Autriche et la Russie, et exigea le retrait de la garnison fédérale et le démantèlement de la forteresse. Une fois de plus, des gouvernements étrangers décidèrent du destin du Grand-Duché: en fait, le pays dut son indépendance aux rivalités des grandes puissances voisines. Tandis que le conseil communal de la capitale et les petits commerçants s'opposaient au démantèlement parce qu'ils appréhendaient la perte des troupes de la garnison comme habitants et clients, et auraient même préféré une cession à la France, l'ouverture de la ville allait s'avérer très vite comme une bénédiction pour son développement économique et démographique.

Pendant la guerre franco-allemande de 1870, l'utilisation du chemin de fer luxembourgeois pour approvisionner Thionville assiégée fournit un prétexte à Bismarck pour mettre en cause l'autonomie du Luxembourg. Cette fois cependant, les masses opposèrent une ferme résistance à l'annexion qui semblait imminente : si les pétitions portant plus de signatures qu'il n'y avait de personnes disposant du droit de vote et les manifestations patriotiques ne contribuèrent certes pas au sauvetage de l'indépendance, elles indiquent l'éveil d'un sentiment national qu'on ne ressentait pas encore en 1867. En 1871, Bismarck put néanmoins soumettre au contrôle du réseau ferroviaire impérial la société des chemins de fer luxembourgeois qui assurait une importante liaison entre la Ruhr et la Lorraine.

Lorsque le roi grand-duc Guillaume III mourut en 1890, le pays eut sa propre dynastie. Tandis que sa fille Wilhelmine lui succédait aux Pays-Bas, le pacte de famille prévoyait la succession de son cousin au Luxembourg. Ainsi le duc Adolphe, détrôné dans le Nassau en 1866, devint-il grand-duc de Luxembourg. L'autonomie dynastique allait très vite s'avérer comme une garantie d'indépendance, même si le grand-duc, faute d'un château approprié, continua de résider à l'étranger. Il laissa à Paul Eyschen, ministre d'Etat en exercice de 1888 à 1915, toute latitude dans les affaires du gouvernement.

CHAPITRE XIV

La révolution industrielle

L'ÉCONOMIE LUXEMBOURGEOISE AVANT LA RÉVOLUTION INDUSTRIELLE

Dès le XVIIIe siècle (voir p. 71), les frères Boch s'étaient établis au Luxembourg et avaient ouvert une faïencerie, tandis que la famille Pescatore pratiquait le commerce des denrées coloniales et avait investi dans l'industrie du tabac, la fabrication du papier et la production du cuivre. Ces deux entrepreneurs exploitèrent la position excentrique du Luxembourg pour faire de bonnes affaires par delà les frontières du duché. Cent seize hauts-fourneaux, situés principalement dans les Ardennes, chargés de charbon de bois et de minerai d'alluvion, plus rarement de minette – un minerai sédimentaire obtenu dans de petites mines – produisaient à la fin du siècle quelque 14 000 tonnes de fonte. Il y avait aussi de nombreuses tanneries qui travaillaient des peaux en partie importées de Hollande : on en comptait 120 dans le département des Forêts et 167 sous le régime néerlandais. En 1842, plus de 2 000 personnes travaillaient dans trois ganteries ; en 1870, on y produisit 320 000 paires de gants. Jean-Pierre-Bonaventure Dutreux, beau-frère de Jean-François Boch, fonda à l'époque française une manufacture de drap dans la capitale. Jean-Pierre Küborn ouvrit en 1841 la première usine de tissage du coton ; elle fut bénéficiaire jusqu'à ce que la Guerre de sécession (1861-1865) mette fin à l'importation de coton américain. Parmi les nouveaux entrepreneurs qui réussissaient au début du XIXe siècle, il y avait aussi des juifs émigrés de France comme

Jonas Lippmann ou les frères Godchaux. Ceux-ci introduisirent depuis 1851 et Küborn depuis 1857 la machine à vapeur pour l'obtention d'énergie. Le moulin à papier Lamort à Senningen, entraîné par quatre roues, fournissait depuis 1838 le marché allemand en papier peint. Le nombre des brasseries de bière passa de 24 en 1824 à 32 en 1870 et la production de 100 000 (1874) à 350 000 hectolitres (1913) au départ de 13 entreprises seulement. Les frères Metz, chefs de file du camp progressiste libéral, qui avaient acheté une forge complète en 1837, construisirent un haut-fourneau à Eich en 1845, dans l'espoir que le chemin de fer passerait bientôt par là. Ces petites et moyennes entreprises, dispersées dans tout le pays, amassèrent du capital et acquirent des connaissances techniques: deux préalables essentiels pour opérer le saut dans l'ère industrielle quelques décennies plus tard.

L'accès à un marché étranger

Les débouchés luxembourgeois étaient insuffisants, même pour ces petites entreprises qui aspiraient à faire partie de l'Union douanière allemande (*Zollverein*). Les conditions politiques imposées par la Prusse au candidat à l'adhésion retardèrent la signature de la convention (1842), même si les avantages de l'adhésion ne faisaient pas de doute. La convention fut régulièrement renouvelée et finalement prorogée de 1902 à 1959. Vers la fin du XIXe siècle, les recettes douanières constituaient 30% du budget de l'Etat. Luxembourg était un pays agricole arriéré: même en 1871, 60% de la population active travaillaient encore dans l'agriculture. On ne peut comprendre sa transformation rapide en Etat industriel au début du XXe siècle sans prendre en compte les effets de l'Union douanière: le capital nécessaire, les ingénieurs, les connaissances spécialisées et les débouchés étaient allemands.

Dès 1845, le gouvernement luxembourgeois avait songé à la construction d'un réseau ferroviaire pour ne pas manquer le raccordement aux réseaux belge, français et allemand. A cause du manque de capitaux, on ne put mettre sur pied la société anonyme Guillaume-Luxembourg qu'en 1857 avec des capitaux français; celle-ci délégua l'exploitation du réseau ferroviaire à la Compagnie lorraine des Chemins de fer de l'Est. Or, le train était indispensable à l'exploitation du gisement de minerai de fer récemment découvert: lui seul permettait d'amener la houille et le coke indispensables de la Ruhr, de la Sarre et du bassin de la Meuse belge. De même, l'exportation du minerai et de la fonte brute, transformés depuis des décennies dans les aciéries de la Sarre et de la Ruhr, n'était pensable que par la voie ferrée. En outre, le chemin de fer luxembourgeois représentait un élément de liaison important pour la circulation ferroviaire entre la Belgique, la Suisse et l'Italie. L'inauguration des premiers tronçons vers Thionville(-Metz-Strasbourg) et Arlon(-Bruxelles) eut lieu en 1859. En 1861 s'y ajouta une ligne vers Wasserbillig (-Trèves-Coblence) et en 1862/66 celle qui allait vers le Nord. A partir de 1864, la société anonyme Prince-Henri y ajouta un réseau intérieur avec des capitaux belges. Le gouvernement paya en partie par des concessions minières. La population était parfaitement consciente de l'importance de la construction des voies ferrées et fit un premier hymne national de la marche composée par Michel Lentz pour l'inauguration; celle-ci comportait le refrain significatif: «Venez ici de France, de Belgique ou de Prusse, nous voulons vous montrer notre patrie; demandez de tous côtés comment il se fait que nous soyons si contents». Lors des manifestations contre les menaces d'annexion dues à Bismarck en 1870/71, la dernière ligne fut réécrite en: «*Mir wëlle bleiwe wat mir sin*» («Nous voulons rester ce que nous sommes»). La construction de son propre chemin de fer fut une borne miliaire sur la voie de la consolidation de la nation et du renforcement de la conscience de soi par rapport aux Etats voisins.

Les débuts de la sidérurgie

Dès le milieu du XIXe siècle, on construisit de nouvelles usines sidérurgiques dans tout le pays, sur des voies de circulation importantes. Elles fonctionnaient avec du minerai d'alluvion et plus tard aussi avec du minerai de fer importé de Lorraine ainsi que du charbon de bois. Toutefois, les fourneaux étaient construits de telle façon qu'on pouvait les transformer en fours à coke dès que celui-ci était disponible. Cette innovation, qui permettait de diminuer de 60% les coûts de l'énergie destinée aux hauts-fourneaux, fit grimper la production de 14 300 tonnes, en 1857, à 261 000 tonnes, en 1879.

Dans les années 1870, une nouvelle série de hauts-fourneaux fut installée dans le sud du Grand-Duché, à proximité immédiate des gisements de minette, parce que le transport du minerai coûtait beaucoup plus cher que celui du coke. En 1870/74, par l'adoption de deux lois, le sous-sol fut déclaré propriété de l'Etat. Qui voulait exploiter un gisement de minerai devait donc acheter une concession à l'Etat. Dans les conventions, le gouvernement incluait une clause obligeant le concessionnaire à veiller à ce qu'environ un tiers du minerai soit transformé au Luxembourg – avec toutes les conséquences positives que cela avait pour l'emploi et la recette fiscale. Comme les entreprises familiales étaient conduites selon le principe de l'autofinancement et que les crédits bancaires étaient encore rares, on manquait de capital pour ériger des hauts-fourneaux plus grands ou supplémentaires, de sorte qu'on continua à exporter deux tiers du minerai à l'étranger.

La sidérurgie luxembourgeoise connut son véritable essor à partir de 1880, lorsque la Lorraine, la Sarre et le Luxembourg firent partie de la même union douanière. En 1879, les frères Metz avaient acquis une licence pour le procédé Thomas breveté dix-sept jours auparavant. Ce dernier permettait la déphosphorisation de la minette qui avait une forte teneur en phosphore de sorte qu'on pouvait désormais produire non seulement de la fonte brute mais aussi de l'acier plus noble. En 1881, les Metz entamèrent, en association avec Victor Tesch, la Société Générale de Belgique et la Banque internationale de Luxembourg fondée en 1856, la construction à Dudelange de la première entreprise sidérurgique intégrée qui rassemblait six hauts-fourneaux, une aciérie et deux laminoirs. Ainsi pouvait-on transformer sur place le fer en fusion: cela représentait une énorme économie d'énergie. En 1896, la concurrence construisit, sous la direction de Paul Gredt et Paul Würth, une deuxième unité de production intégrée à Differdange, afin de réaliser une économie d'énergie supplémentaire vu l'accroissement des prix du charbon et du coke. Ces deux ingénieurs développèrent un procédé permettant l'épuration des gaz de haut-fourneau et leur exploitation comme une source d'énergie couvrant tous les besoins en électricité de l'usine, en particulier ceux des machines soufflantes.

Bien que les deux inventeurs aient connu un succès international avec les poutrelles Grey qui résistaient à la flexion même sur une grande longueur, ils furent bientôt ruinés. Leur aciérie fut rachetée en 1901 par la société anonyme *Deutsch-Luxemburgische Bergwerks- und Hütten-AG* qui appartenait au groupe Stinnes. Celle-ci acquit en outre les hauts-fourneaux de Rumelange (Luxembourg) et de Saint-Ingbert (Sarre). De l'achat par cette aciérie allemande sortirent en 1920 les HADIR (Hauts-Fourneaux et Aciéries de Differdange, Saint-Ingbert, Rumelange). Une autre société allemande, l'*Aachener Hüttenaktienverein «Rothe Erde»* (Terres rouges) investit dans le bassin minier luxembourgeois; elle fut reprise de son côté par la société anonyme *Gelsenkirchner Bergwerks-AG* qui construisit une nouvelle aciérie à Esch-Belval. Seules les aciéries d'Eich et de Dudelange, propriétés de la famille Metz-Tesch et dirigées par Emile Mayrisch, restèrent dans des mains luxembourgeoises parce que Mayrisch opéra, en 1911, la fusion avec les Forges de Sarrebruck à Burbach: c'est de là que sortit en 1911 l'ARBED (Aciéries réunies de Burbach, Eich, Dudelange), qui absorba ensuite l'*Eschweiler Bergwerksverein* et se créa sa propre source de charbon. A la veille de la Première Guerre mondiale, la sidérurgie luxembourgeoise (46 hauts-fourneaux, 20 convertisseurs, 7 forges; 2,5 millions de tonnes de fer, 1,4 million de tonnes d'acier, 7 millions de tonnes de minerai) était aux mains de cinq groupes seulement: ARBED, *Deutsch-Luxemburgische Bergwerks- und Hütten-AG*, *Gelsenkirchner Bergwerks-AG*, Felten & Guillaume (Steinfort) et Ougrée-Marihaye (Rodange). Cette dernière était la seule société de capitaux belges.

Grâce à l'annexion allemande de l'Alsace-Lorraine (1870) et à l'Union douanière, naquit sur le territoire de Sarre-Lorraine-Luxembourg (le bassin à minette) le deuxième plus grand district industriel de l'Empire allemand après la Ruhr, dont l'industrie sidérurgique était étroitement intégrée. Les barons de l'acier – amplement liés sur le plan familial – coopéraient à un niveau transnational pour obtenir de meilleurs tarifs de transport ferroviaire et des prix de vente plus élevés pour leur fonte brute en comparaison des géants de la Ruhr. Même les ouvriers passaient sans problème d'une entreprise à une autre, lorsqu'ils escomptaient de meilleures conditions de travail et de meilleurs salaires. Ainsi, à côté de l'imbrication transnationale du capital, vit également le jour, selon la formule de l'historien Stefan Leiner, « un maillage migratoire de l'espace industriel frontalier », encore qu'il n'y ait pas eu de frontières économiques entre le Luxembourg, la Lorraine et la Sarre de 1870 à 1918.

L'introduction du procédé Thomas eut un effet secondaire important pour l'agriculture luxembourgeoise : moulues, les scories riches en phosphore issues de ce procédé étaient utilisées, d'une part, comme ciment et, de l'autre, vendues aux paysans comme engrais chimique. En 1898, le gouvernement mit comme deuxième condition à l'octroi de concessions minières la vente à un prix de faveur d'au moins dix tonnes de scories Thomas par hectare et par an. Le rendement de l'agriculture augmenta de 60% entre 1880 et 1914, surtout parce que l'on pouvait à présent cultiver les sols arides de l'Ösling.

Avec la construction du chemin de fer, l'obligation de fondre le minerai au Luxembourg et la remise obligatoire sur les scories Thomas, le gouvernement mettait fortement l'accent sur la politique économique et appliquait ainsi une politique très libérale dans ses principes, sans rien faire pour sauver les entreprises industrielles plus petites qui, vu les hauts salaires payés dans la sidérurgie, ne pouvaient suivre le rythme et ne disposaient pas du capital nécessaire pour innover. La production de cuir resta cependant le deuxième secteur le plus productif au Luxembourg jusqu'au lendemain de la Première Guerre mondiale. Les hauts salaires entraînèrent une augmentation simultanée du niveau de vie général, ce dont profita aussi le petit commerce.

Du point de vue social, les besoins de la sidérurgie en main-d'œuvre eurent deux conséquences. L'une fut le début des migrations ouvrières de masse : des ingénieurs et des ouvriers spécialisés allemands ainsi que des mineurs et des manœuvres italiens s'installèrent dans le bassin minier (voir p. 140). Il y régnait cependant une grande crise du logement avec les hauts loyers correspondants, pour des habitations dont la salubrité laissait à désirer. Les logements construits par quelques firmes pour lier plus étroitement les ouvriers qualifiés à l'entreprise n'y apportaient qu'un remède lent et aux effets limités. D'autre part, on vit apparaître une nette divergence intellectuelle et politique entre le nord du pays, resté rural, et le sud, en pleine expansion et toujours plus densément peuplé. La croissance démographique dans le canton d'Esch y mena à une augmentation des mandats parlementaires remportés par les libéraux et les sociaux-démocrates de la première heure qui constituèrent le gouvernement jusqu'en 1915. Le bloc catholique, ancré dans des environnements ruraux qui se dépeuplaient, n'eut aucune chance de participer au pouvoir avant sa transformation en «*Rechtspartei*» (parti de la Droite) doté d'une aile sociale forte (1913) et l'instauration du suffrage universel (1919).

Alors que l'on estime à 70 000 individus le nombre des émigrés entre 1840 et 1890, soit un émigré pour 143 habitants par an, le nombre des émigrés vers les Etats-Unis (paysans), la France (artisans, servantes), la Belgique et l'Empire allemand diminua au début du XXe siècle. L'essor économique et l'instauration du suffrage universel surent fortifier la croyance en la survie d'un Etat luxembourgeois indépendant.

CHAPITRE XV

La Première Guerre mondiale et la crise de l'Etat (1914-1922)

LE LUXEMBOURG ENTRE TROIS INTENTIONS D'ANNEXION

Bien qu'en 1867 le Luxembourg ait été déclaré neutre et démilitarisé avec la garantie de cinq puissances (p. 87), les troupes allemandes envahirent le pays le 2 août 1914 et l'occupèrent pour de bon, parce que le front n'était pas très éloigné. Cette invasion correspondait au programme des buts de la guerre du chancelier de l'Empire von Bethmann-Hollweg qui prévoyait que le Luxembourg devienne un Etat fédéré allemand et comprenne une partie de la province belge de Luxembourg et éventuellement le territoire autour de Longwy. Aux notes de protestation du gouvernement luxembourgeois, il répondit «Nos mesures militaires au Luxembourg ne signifient aucun traitement inamical à l'égard du Luxembourg», et assura qu'elles étaient destinées à protéger les voies de chemin de fer de l'Empire contre une attaque française. Cette réponse n'emporta pas la conviction, bien que le gouvernement Eyschen fût sur ce point d'avis qu'il fallait conserver une stricte neutralité, en conformité avec une attitude très passive. Il n'ordonna donc pas de résistance et accepta le dédommagement offert par l'Allemagne. En phase avec les intérêts allemands, il obtint la prompte reprise de la production d'acier: en 1913, 70% des exportations (entre autres de biens stratégiques tels que les fûts de canons) étaient destinés au territoire de l'Union douanière allemande d'où provenaient 90% des importations. A la demande de l'Allemagne, le gouvernement décréta l'expulsion des ambassadeurs français, britannique et belge et recommanda à la grande-duchesse Marie-Adélaïde de recevoir l'empereur Guillaume II qui visitait le quartier général des troupes allemandes à Luxembourg. Plus la guerre durait, plus on vit augmenter le mécontentement de la population vis-à-vis de l'occupation allemande.

En France, les cercles nationalistes autour de Maurice Barrès réclamaient aussi l'annexion du Luxembourg et, en 1912, le conseil de guerre avait même autorisé une frappe préventive sur le territoire luxembourgeois (mais pas d'atteinte à la neutralité belge). La bourgeoisie luxembourgeoise était assez francophile et quelque deux mille Luxembourgeois – surtout ceux qui travaillaient en France lorsque la guerre avait éclaté – s'engagèrent comme volontaires dans l'armée française. Le gouvernement français adopta une attitude attentiste, afin de pouvoir exploiter le Luxembourg comme moyen de pression dans les négociations menées en vue d'une alliance militaire avec la Belgique.

Pour le gouvernement belge en exil, la réunification avec le Luxembourg était un des objectifs officiels de la guerre. En 1917, dans une note secrète adressée au gouvernement belge, la France renonça au Luxembourg. Néanmoins, lors de l'invasion du Luxembourg en novembre 1918, le maréchal français Foch, commandant-en-chef des Alliés, n'était pas prêt à voir des troupes belges participer à l'occupation. Le gouvernement luxembourgeois ignorait largement à quel point son indépendance était ainsi menacée : à cause de la censure de guerre, il ne disposait d'aucune presse étrangère ; son service diplomatique était totalement sous-développé et les voyages au-delà du front étaient quasi impossibles. Il n'avait donc pas la possibilité de lancer une contre-offensive diplomatique.

Crises politiques (1916-1919)

La vie politique continua en dépit de la présence militaire allemande. Lorsque Paul Eyschen mourut après avoir été ministre d'Etat pendant vingt-sept ans, le bloc anticlérical des libéraux et des socialistes se délita. La grande-duchesse qui, dès 1912, s'était rendue impopulaire auprès de la gauche, parce qu'elle avait refusé pendant des semaines la promulgation de la nouvelle loi scolaire qui devait réduire le contrôle de l'école primaire par le clergé, ne parvint pas à trouver une majorité parlementaire pour le gouvernement de droite qui avait sa préférence. Même la dissolution anticipée de la Chambre suivie de nouvelles élections ne donna pas la majorité absolue au parti de la Droite. On en vint à la formation d'un gouvernement d'union nationale pour résoudre les graves problèmes du ravitaillement. Les lois sur les prix, les cartes de rationnement et les indemnités de vie chère ne purent empêcher ni l'apparition d'un marché noir ni la formation (tardive) de syndicats et l'éclatement d'une grève générale (p. 105).

En novembre 1918, à Luxembourg et à Esch comme dans les villes allemandes, des conseils ouvriers et paysans tentèrent d'appeler à la révolution. Ils exigeaient, comme en Allemagne, l'instauration de la république, le suffrage universel, la nationalisation des banques, de la sidérurgie et des chemins de fer ainsi que la journée de huit heures. Comme la gauche parlementaire se faisait l'écho de ces revendications, le gouvernement d'Emile Reuter (parti de la Droite) fut contraint de faire des concessions. Le 13 novembre 1918, l'abolition immédiate de la monarchie fut rejetée par 21 voix contre 19 et 3 abstentions. En contrepartie, Reuter promit l'organisation d'un référendum sur la forme future de l'Etat. Une révision de la constitution était de toute façon en cours et, en mai 1919, les députés instituèrent majoritairement le principe de la souveraineté de la nation ainsi que la représentation proportionnelle. Cette instauration précoce du suffrage universel recouvrait des intérêts politiques partisans: les socialistes espéraient le soutien des ouvriers, et les conservateurs, celui des femmes. En outre, on introduisit la journée de huit heures ainsi que des délégations ouvrières dans les entreprises.

Lorsque le 23 décembre 1918, Emile Reuter voulut prendre contact avec le gouvernement français, il se heurta à un refus catégorique: sous la pression du gouvernement belge, le ministre des Affaires étrangères ne souhaitait pas parler à un représentant de la grande-duchesse (germanophile). Cet affront apporta de l'eau au moulin des cercles républicains. Des manifestations furent cassées avec le soutien de l'armée française, car les soldats de la compagnie de volontaires luxembourgeois s'étaient également révoltés. Le 9 janvier 1919, la grande-duchesse Marie-Adélaïde dut abdiquer et céder le trône à sa sœur Charlotte. La Belgique, qui avait espéré la déchéance de la monarchie parce que cela aurait facilité l'annexion du Luxembourg, fut déçue et, à la conférence de la paix à Versailles, obtint le report du référendum après la conclusion des traités. Ce référendum fut organisé le 28 septembre 1919. La grande-duchesse Charlotte obtint 78% des voix, la république 20%. De ce fait, une grande majorité de la population – sans doute grâce au vote des femmes – vota pour l'indépendance du pays, car une république – favorisée dans le sud industrialisé – risquait certainement d'être annexée plus facilement par un Etat voisin. La propagande annexionniste de la Belgique avait été trop maladroite pour convaincre des cercles plus étendus. Depuis 1919, le Luxembourg eut donc une monarchie par la volonté du peuple. Depuis lors, aucun parti luxembourgeois n'a plus douté de la viabilité du petit Etat.

Le rattachement économique à la Belgique

L'issue de la guerre obligea le gouvernement luxembourgeois à dénoncer l'Union douanière dont il était encore l'unique membre avec l'Empire allemand. Après la solution de la crise dynastique, la recherche d'un autre partenaire économique devint prioritaire. Dès le 2 janvier 1919, une commission d'experts issus de tous les secteurs de l'économie avait recommandé à l'unanimité un accord commercial avec la France. Seuls les viticulteurs s'étaient abstenus parce qu'ils estimaient que la concurrence française ne leur laissait aucun avenir.

La sidérurgie française recommanda le refus à son gouvernement et la Belgique rappela à celui-ci sa déclaration de 1917 selon laquelle la France n'avait pas d'intérêts au Luxembourg. Le Luxembourg offrit des négociations aux deux Etats voisins. La réponse de la France fut évasive, la Belgique refusa des négociations parallèles. Le gouvernement décida donc de faire trancher cette question aussi par référendum pour éventuellement imposer malgré tout la France à la table des négociations. Au bilan, 73% des votants se prononcèrent en faveur d'une union économique avec la France, 27% avec la Belgique. Malgré cela, la France déclina officiellement l'offre, signa un traité de défense secret avec la Belgique et afferma l'exploitation des chemins de fer luxembourgeois. D'âpres négociations avec la Belgique, où le Luxembourg put mettre à profit les expériences acquises dans l'Union douanière allemande, menèrent, le 25 juillet 1921, à la convention d'une Union économique belgo-luxembourgeoise (UEBL) à la fois douanière et monétaire qui s'est maintenue jusqu'à ce jour. Une fois de plus, l'étranger avait décidé pour le Luxembourg mais en aboutissant cette fois à un essor économique durable.

Pendant la Première Guerre mondiale, l'occupation allemande du Luxembourg et le découplage économique qui s'en suivit eurent aussi des conséquences culturelles: la langue luxembourgeoise, appréhendée comme différente de l'allemand (souvent qualifié de «prussien»), s'en trouva renforcée. Pour empêcher la naturalisation des immigrants allemands, on cessa en général de procéder à des naturalisations après 1918. On vit se développer une conception ethnico-essentialiste de l'identité nationale qui désormais déterminait aussi l'accès aux urnes électorales. Bien que cette approche de l'identité nationale ait pris forme dans le cadre d'un combat idéologique défensif contre une politique nationaliste allemande phagocytant le Luxembourg, on ne peut en nier les ressemblances avec les conceptions racistes de la nation qui circulaient alors dans toute l'Europe.

CHAPITRE XVI

Les débuts du mouvement ouvrier et de la législation sociale

Modèles allemands des syndicats, de la sécurité sociale et du patronat

L'apparition d'un mouvement ouvrier fut tardive au Luxembourg. Ce mouvement manquait de leaders locaux parce que, dans la sidérurgie, les postes les plus mal payés étaient occupés pour l'essentiel par des Italiens qui acceptaient de bas salaires, tandis que les postes les mieux payés étaient détenus par des Allemands. Le syndicat fondé en 1903, principalement par des ouvriers spécialisés allemands, intégra l'Association allemande des métallurgistes en 1904. Le mouvement socialiste radical regroupé autour du journal *Der arme Teufel* («Le pauvre diable») trouva peu de soutien parce que, dans le personnel ouvrier luxembourgeois, le sentiment antiprussien de l'époque de la forteresse était encore vivace, que les sociaux-démocrates préféraient les arènes politiques aux arènes syndicales et constituaient avec les libéraux un gouvernement de gauche anticlérical. Par crainte de l'entrisme socialiste, le gouvernement expulsa du pays les syndicalistes allemands qui venaient au Luxembourg pour y former des meneurs locaux. Les ouvriers étrangers hésitaient donc à s'adonner à des activités politiques ou syndicales dans la crainte d'être expulsés.

Dès le XIXe siècle, de rares patrons avaient créé des caisses de prévoyance dans leurs entreprises. En 1848 naquit une Association catholique des travailleurs (le *Katholischer Arbeiterverein*) et en 1864, une Association des typographes qui, en 1871, sut imposer la première convention collective à une presse luxembourgeoise très diversifiée. Les maîtres de forges allemands se refusaient à négocier avec les syndicats dont la création était interdite par la loi. Entre 1904 et 1912, une série de grèves locales fut surtout l'œuvre d'immigrants italiens mais aucune de ces actions ne mena à un mouvement de masse. La méfiance à l'égard des étrangers l'emportait sur la solidarité dans la lutte contre le patronat.

Après l'abaissement du cens électoral en 1892, deux membres du parti ouvrier furent élus au Parlement dans le Sud industriel. A leurs interventions en faveur de la sécurité sociale et de logements ouvriers, le ministre d'Etat Paul Eyschen répondit en remarquant que le Luxembourg était un pays agricole et non un Etat industriel, ce qui, depuis 1900, n'était plus tout à fait correct sur le plan démographique mais correspondait politiquement sans aucun doute aux intérêts des élus du fait du suffrage majoritaire.

En 1876, la loi interdit de manière générale le travail des enfants de moins de douze ans, ainsi que le travail dans les mines pour les enfants et les adolescents de moins de seize ans et les femmes; en 1877, le temps de travail journalier fut limité pour les enfants. En 1892, on institua trois jours fériés légaux. Le droit aux vacances existe depuis 1926. Cependant, en 1879, à l'exemple du droit belge, le code pénal interprétait comme un délit toute atteinte à la liberté d'entreprise. Par ailleurs, suivant l'exemple de Bismarck, Paul Eyschen instaura la sécurité sociale. Cette décision fut aussi motivée par l'Union douanière, du fait que les capitalistes qui investissaient au Luxembourg devaient payer les mêmes charges sociales que les Allemands afin d'éviter une concurrence déloyale. Ainsi le Luxembourg instaura-t-il en 1901 une assurance maladie, une assurance accidents en 1902, une assurance vieillesse et invalidité en 1911, pour les seuls ouvriers et employés toutefois (15% de la population): le lobby agricole avait empêché l'intégration de la paysannerie dans le régime des assurances obligatoires. A la différence de l'Allemagne, Eyschen avait aussi imposé l'administration commune de la Sécurité sociale par les patrons et les représentants des salariés, «pour pallier la lutte des classes». La sécurité sociale ne s'étendit aux employés d'Etat qu'en 1951 et aux indépendants en 1957.

Les premières grèves de masse eurent lieu pendant la Première Guerre mondiale, moins pour imposer de meilleurs salaires et de meilleures conditions de travail que pour protester contre les hausses des prix conditionnées par les passes difficiles dans les approvisionnements. Or, on n'en attribua pas la responsabilité aux interruptions des livraisons liées à la guerre, mais au gouvernement qui était resté en place. Tandis que les aciéries, qui travaillaient pour les entreprises allemandes de l'armement, concédaient des hausses de salaire et organisaient des cantines populaires, les agents des services publics souffraient des mesures de rationnement et du non-respect des prix maxima. Des manifestations eurent lieu au début septembre 1916; ce fut aussi l'époque de la fondation des premiers syndicats, en particulier le *Luxemburger Berg- und Hüttenarbeiter Verband*, neutre, à Esch et le *Metallarbeiterverband*, socialiste, à Luxembourg. Le 30 mai 1917, ceux-ci organisèrent la première grève de masse pour protester contre l'effondrement du pouvoir d'achat et faire reconnaître le droit à l'existence des syndicats. En dépit du soutien de la presse et de l'opinion publique, la grève dut être interrompue le 6 juin sans avoir rien obtenu. Les patrons allemands, qui n'étaient prêts à aucune négociation, avaient fait entrer dans le pays des briseurs de grève allemands. L'état-major de l'armée allemande décréta la censure de la presse et dispersa les manifestations par la force, tandis que le gouvernement luxembourgeois faisait état de sa neutralité. En fin de compte, la grève mena à la fracture du bloc gouvernemental de gauche constitué des libéraux et des socialistes.

La crise économique de 1920/21

Fin 1918, lorsque le Luxembourg sortit de l'Union douanière et que la Lorraine redevint française, la sidérurgie connut une crise des ventes à laquelle elle remédia par des réductions des salaires et des licenciements. Aussi, lorsque le gouvernement instaura la journée de huit heures en décembre 1918, cette mesure ne mit-elle pas fin aux manifestations et aux actions sur les marchés contre les prix excessifs. Entre mars 1919 et janvier

1921, Denis Scuto dénombre vingt-neuf débrayages locaux. Le 13 août 1919, les ouvriers d'Esch-sur-Alzette assiégèrent la Chambre des députés et furent dispersés par des troupes françaises. Lors de la vente forcée des usines sidérurgiques allemandes à des capitalistes français et belges, les syndicats réclamèrent en vain que le législateur prescrive des normes minimales.

Ces troubles menèrent à une radicalisation dans l'arène syndicale et à une restructuration du paysage des partis de gauche. Les deux syndicats de métallurgistes fusionnèrent pour former le *Berg- und Metallindustriearbeiter-Verband* (*BMIAV*) qui rejoignit la Fédération syndicale internationale à Amsterdam. Ses dirigeants étaient des membres actifs du parti ouvrier socialiste. Le 2 janvier 1921, le parti communiste se sépara du parti ouvrier (social-démocrate) qui ne voulait pas intégrer la IIIe internationale (Moscou) et mit sur pied sa propre organisation syndicale. Par ailleurs, un syndicat chrétien modéré, le *Lëtzebuerger Chreschtlechen Gewerkschaftsbond* (*LCGB*) fut fondé le 23 janvier 1921. Depuis lors, l'arène syndicale luxembourgeoise est divisée sur le plan idéologique.

Du fait de la récession d'après-guerre, les troubles sociaux s'intensifièrent au début de 1921. Il y eut d'abord une grève avec occupation d'usines à la société HADIR à Differdange ; menée avec la participation des conseils ouvriers, elle s'étendit rapidement à d'autres hauts-fourneaux. Cette grève échoua sous l'impact conjugué du *lock-out* des salariés, de l'intervention des gendarmes luxembourgeois et de l'armée française, mais surtout de la conjoncture défavorable, de l'absence de solidarité entre le *LCGB* et les syndicats de cheminots, du boycott par la presse et de la « neutralité » du gouvernement. Le parti communiste disparut *de facto* de la circulation. Depuis lors, les syndicats luxembourgeois préfèrent la voie réformiste et le dialogue social à la lutte des classes et aux slogans révolutionnaires. En 1924, le gouvernement créa les Chambres professionnelles avec des représentants élus des ouvriers, des employés, des commerçants et des artisans ; celles-ci devaient traduire en projets de loi les intérêts des partenaires sociaux. En 1925, le gouvernement luxembourgeois réintroduisit dans les entreprises les délégations des salariés supprimées en 1921 sous la pression des gouvernements français et belge. En 1922, la reprise économique soutint à nouveau le plein emploi, bientôt renforcée par la fondation de l'Union économique belgo-luxembourgeoise (UEBL) et par la restructuration de la sidérurgie, entreprise par Emile Mayrisch et visant à produire plus de produits finis. En profitèrent notamment les antifascistes italiens qui cherchaient refuge au Luxembourg dans ces années-là. La formation de cartels avec des barons de l'acier allemands et français (1926) sous l'influence de Mayrisch et les rencontres d'écrivains et d'artistes organisées par son épouse Aline de Saint-Hubert au château de Colpach firent également progresser la collaboration internationale.

La crise économique mondiale de 1929 et ses conséquences politiques

Au Luxembourg comme dans le reste du monde, la crise économique entraîna des baisses considérables de la production. Le monolithisme économique de la sidérurgie fut lourd de conséquences. Tandis que le composant étranger du personnel des aciéries passait de 30% en 1929 à 10% en 1935, les conséquences sociales et budgétaires de la crise furent moins dramatiques au Luxembourg que dans les pays voisins. En effet, les ouvriers licenciés ne touchaient pas d'indemnités de chômage et, pour la plupart, rentraient dans leur pays d'origine de sorte qu'ils ne tombaient pas à la charge des bureaux d'aide sociale.

A titre de mesures préventives, le parti ouvrier exigea des salaires minima socialement acceptables, des réductions du temps de travail, une assurance chômage et un programme public d'investissement. Le gouvernement dirigé par Joseph Bech (parti de la Droite) refusa toute intervention de l'Etat dans les affaires économiques. Dans l'espoir d'empêcher une radicalisation du personnel ouvrier, il prépara en revanche l'interdiction du parti communiste qui avait retrouvé quelques centaines de membres. Lorsqu'en 1934 un communiste fut élu député, le gouvernement cassa ce mandat et le confia au parti ouvrier. Deux instituteurs communistes furent également licenciés. La même année, le ministre de l'Intérieur refusa de reconnaître le bourgmestre d'Esch et les échevins (tous du parti ouvrier), parce que leur politique dépendait de l'approbation du membre communiste du conseil communal. A la même époque, le *Luxemburger Wort* ne reculait pas devant des éditoriaux antisémites et le gouvernement ferma la frontière aux juifs qui fuyaient l'Allemagne nazie.

Comme les patrons refusaient toujours de négocier avec les syndicats, les dirigeants syndicaux qui siégeaient au Parlement pour le parti de la Droite et pour le parti ouvrier, Jean-Baptiste Rock (*LCGB*) et Pierre Krier (*BMIAV*), prirent l'initiative d'introduire un projet de loi qui prévoyait des conventions de travail collectives et reconnaissait implicitement les syndicats comme partenaires de négociation. Il fallut cependant une manifestation de masse, le 12 janvier 1936, pour faire céder le gouvernement Bech. Le ministre du Travail, Pierre Dupong institua un «Conseil national du Travail», avant-courrier des réunions de la Tripartite d'après 1975 entre les associations patronales, les syndicats et le gouvernement. L'interdiction des syndicats fut retirée du code pénal. Environ soixante conventions collectives furent signées jusqu'en 1939.

A l'automne 1936, le *Luxemburger Wort*, de plus en plus favorable à un Etat corporatif dictatorial, lança de nouveaux avertissements contre le danger du bolchevisme et Bech déposa à la Chambre son projet de loi «pour la protection de l'ordre social et politique» ainsi que pour l'interdiction du parti communiste (mais pas du *NSDAP*, le parti national-socialiste allemand). Une ample «Ligue pour la défense de la démocratie» mobilisa contre cette loi dite «muselière» qui représentait une sévère atteinte aux droits démocratiques. Les syndicats libres purent arracher au ministre d'Etat l'organisation d'un référendum. Alors que la loi avait été adoptée au Parlement par 34 voix contre 19 et une abstention, elle fut abrogée au référendum du 6 juin 1937 par 50,7% des votants. Bech démissionna de son poste de ministre d'Etat. Pierre Dupong, de l'aile sociale du parti de la Droite, forma un nouveau gouvernement: la première «grande coalition», avec la participation du parti ouvrier. Le syndicaliste Pierre Krier devint ministre du Travail et René Blum, le ministre socialiste de la Justice, accorda le droit d'asile aux réfugiés juifs.

L'instauration du suffrage universel en 1919 et la législation sociale des années trente due à la pression des syndicats, menèrent sans aucun doute à une intégration des couches ouvrières dans un Etat centenaire. Si son existence était toujours menacée, ces décennies-là montrèrent que le danger ne venait pas seulement de l'extérieur mais que des tensions intérieures, comme les divergences de la classe politique et de l'opinion publique, pouvaient aussi affecter des aspects menaçants et fournir le prétexte à l'intrusion de puissances étrangères.

CHAPITRE XVII

La Deuxième Guerre mondiale

En 1940, au contraire de ce qui s'était passé en 1914, le gouvernement luxembourgeois était préparé à l'offensive de la *Wehrmacht*, même s'il n'avait pas réussi à signer un traité de protection assurant le respect de la neutralité du pays en cas de guerre franco-allemande. En 1939, pour s'armer moralement tout en commémorant le traité de Londres de 1839, il avait organisé de grandioses fêtes de l'indépendance dont le sens fut compris aussi au-delà des frontières.

Attaque et mesures de germanisation

Dans la nuit du 9 au 10 mai 1940, les véhicules militaires allemands bousculèrent sans difficulté les dispositifs plutôt symboliques de fermeture de la frontière. Des parachutistes allemands sautèrent près de la frontière française mais la réaction de la France se fit attendre. La même nuit, la famille grand-ducale et quatre ministres s'exilèrent en France. Au lendemain de l'armistice franco-allemand, leur route les mena au Portugal. La population du bassin minier, prise entre les deux fronts, fut évacuée pour moitié vers la France, pour moitié vers le centre du pays.

La fuite du gouvernement surprit tant l'administration que la Chambre des députés. Le gouvernement n'avait pas laissé de directives. Une Commission administrative composée de hauts fonctionnaires reprit le pouvoir exécutif avec l'accord du Parlement. Elle tenta de trouver un arrangement avec l'autorité militaire allemande et de faire revenir la grande-duchesse. Le 29 août 1940, celle-ci se rendit à Londres avec Bech, le ministre des Affaires étrangères : aux yeux de tous, le Luxembourg appartenait désormais au camp des Alliés. La souveraine s'adressa aux Luxembourgeois restés au pays par le canal de la BBC. Le 4 octobre, elle fut le premier chef d'Etat d'un pays occupé à se réfugier aux Etats-Unis qui étaient encore neutres, contribuant ainsi de façon décisive à la reconnaissance internationale du Grand-Duché. Le gouvernement s'installa pour partie à Londres et pour partie à Ottawa.

Le 2 août 1940, Hitler nomma Gustav Simon, *Gauleiter* (« chef de district ») de la région Trèves-Coblence, au poste de *Chef der Zivilverwaltung* (*CdZ*, « chef de l'administration civile ») du Luxembourg occupé et mit fin à l'administration militaire. Dans son premier discours, Simon déclara : « Le pays de Luxembourg est une ancienne zone de peuplement allemand. La population y est d'origine allemande, francique mosellane » ; il prescrivit l'emploi de la langue allemande dans tous les domaines de l'administration et de la vie. L'écoute d'émissions radiophoniques ennemies fut interdite. En janvier 1941, Simon ordonna la germanisation de tous les noms propres. Les livres en français et en luxembourgeois furent bannis des librairies et des bibliothèques. Toutes les associations furent mises au pas par un commissaire au Séquestre. Seules l'Alsace et la Lorraine connurent de telles « mesures de germanisation ».

La *Volksdeutsche Bewegung* (*VdB*, « Mouvement des Allemands de souche »), organisée à partir de mai 1940 par des émissaires allemands tels que Josef Schmitthüsen, géographe et *Westforscher* (chercheur convaincu que les régions situées à l'Ouest de l'Allemagne devraient faire retour au *Reich*), ne recherchait pas la collaboration, mais affirmait plutôt : « Le Luxembourgeois se sent allemand. Il est allemand par sa nature, son histoire, ses origines, sa langue et l'espace où il est né. Ses intérêts vitaux pointent également vers l'Allemagne. C'est pourquoi il prendra et doit prendre la route vers le *Reich* de tous les Allemands ». En toute logique, le mouvement avait adopté la devise : *Heim ins Reich!* (« Chez moi dans l'Empire ! »). Après sa nomination, le *CdZ* reprit le contrôle de la *Volksdeutsche Bewegung*, soi-disant pour légitimer « démocratiquement » l'annexion prévue, tandis que la *SS* exigeait des décisions unilatérales. Avec des menaces voilées contre ceux qui ne voulaient pas s'inscrire à la *VdB*, Gustav Simon parvint à ce qu'en mai 1942, cette organisation atteignît 83 500 membres (plus d'un quart de la population). Incapable d'assurer la fiabilité de ce mouvement de masse (voir p. 117), Simon fonda en septembre une section luxembourgeoise du *NSDAP* qui compta bientôt plus de quatre mille membres. Selon Simon, la *Deutsche Arbeitsfront* («Front allemand du travail») comptait environ 57 000 membres en 1941. L'accomplissement du *Reichsarbeitsdienst* («Service du travail du *Reich*») institué en février 1941 sur la base du volontariat, devint en mai un préalable à la recherche d'un emploi pour les jeunes des classes 1920 à 1927. En dépit d'une propagande intense, seuls quelque 1 500 à 2 000 volontaires se proposèrent pour le service militaire.

La mise au pas dans tous les domaines de la vie publique

Il n'y eut pas d'annexion sanctionnée par le droit international. Toutes les lois allemandes furent spécialement mises en vigueur par le *cdz* pour la zone du Luxembourg. A partir de l'automne 1940, Simon interdit tous les partis politiques, procéda à la dissolution de la Chambre des députés, du Conseil d'Etat et de la Commission administrative sans susciter de résistance mais ne put se passer des Luxembourgeois dans la fonction publique. Ceux-ci durent prêter serment de fidélité au *Reich* allemand et à son *Führer*. En mars 1941, 640 fonctionnaires furent désignés pour servir dans l'*Altreich* («le Reich d'avant» l'annexion de l'Autriche) parce qu'ils «n'offraient pas la garantie … de prendre fait et cause sans réserve pour la nation allemande» et d'accomplir leurs services obligatoires.

Les Chemins de fer du *Reich* reprirent les sociétés de chemin de fer. Le *Reichsmark* fut introduit comme seule monnaie légale. Dès le 15 août 1940, le Luxembourg fut rattaché à la zone douanière de l'*Altreich*, ce qui entraîna du même coup l'introduction du droit fiscal allemand. Cette opération causa une hausse des prix d'environ 80% que Simon tenta d'atténuer par une hausse des salaires mais il se heurta au refus de Göring. Malgré cela, du fait de la pénurie de marchandises, les Luxembourgeois disposaient de plus d'argent qu'ils n'en pouvaient dépenser et, au contraire de la Première Guerre mondiale, personne ne souffrit de la faim. Même lorsque les rations instaurées en 1940 se firent plus maigres avec le temps, la situation des Luxembourgeois, traités comme des Allemands de souche, était meilleure que celle des populations d'autres territoires occupés, voire de l'*Altreich*. Néanmoins, Gustav Simon s'aliéna lui-même le succès auprès du très courtisé personnel ouvrier, parce que, le 1er octobre 1940, il prescrivit l'harmonisation des prix et des salaires avec ceux du *Reich* allemand, ce qui mena à une péjoration du niveau de vie.

Pour des raisons économiques, après le retour de la population évacuée de la région minière, l'extraction du minerai de fer et la production d'acier furent réactivées le plus vite possible sous les ordres d'un commissaire du *Reich*. Tandis que les aciéries de la société HADIR et celles de Rodange refusèrent toute coopération avec l'occupant et furent placées sous administration allemande, l'ARBED, sous direction luxembourgeoise, remplit même des contrats de livraison d'armement mais ne dégagea de bénéfice qu'en 1941. Pendant la guerre, la production ne retrouva pas son niveau d'avant la crise économique. La responsabilité n'en revient pas au boycott, mais à l'absence du minerai suédois plus riche en fer ainsi que des livraisons de charbon de la Ruhr et de la Sarre et, à partir de 1942, au manque de main-d'œuvre dû au service militaire obligatoire, d'une part, et aux conflits virulents entre le *Gauleiter* et les responsables du *Reich* allemand, en particulier Hermann Göring, d'autre part.

Sans participation du *cdz*, la *Deutsche Bank* et la *Dresdner Bank* rachetèrent massivement, de manière discrète et systématique, les importantes parts en actions étrangères des deux principales banques luxembourgeoises. Le *cdz* restructura le système des caisses d'épargne tandis qu'il obligeait le reste des banques à fermer leurs succursales ou à transférer leurs comptes d'épargne aux caisses d'épargne. La *Staatsparkasse* profita encore après la guerre de cette « restructuration ». Avec le décret pour la protection de l'économie, le *cdz* empêcha la reprise de la majorité des actions des entreprises industrielles par des trusts allemands, comme cela s'était fait dans le système bancaire. Dans le domaine des assurances, il fonda deux compagnies qui reprirent les avoirs des sociétés françaises et belges dissoutes et engrangèrent d'importants bénéfices. L'historien Paul Dostert en vint à conclure qu'« en toute objectivité, Simon (assura) ainsi la pérennité de l'économie luxembourgeoise. »

Sur le plan de la politique religieuse, Hitler considéra le Luxembourg comme hors Concordat, de même que l'Alsace et la Lorraine, et confia au *cdz* la réforme des rapports entre l'Eglise et l'Etat. Ce dernier réussit à remplacer le financement étatique des Eglises par la levée de cotisations personnelles, mais tenta en vain d'inciter les chrétiens à quitter l'Eglise. Les nombreuses associations catholiques, les ordres et les congrégations furent dissous et leurs patrimoines, confisqués; le séminaire fut délocalisé à Trèves, les fêtes religieuses publiques furent interdites, les écoles catholiques fermées; l'enseignement religieux fut aboli et la presse, mise au pas. Même dans l'*Altreich*, le régime nazi n'était pas allé jusqu'à refouler les Eglises au dehors de l'espace public.

Pour restructurer le système scolaire à l'exemple du *Reich* allemand, Simon misa en vain sur la rééducation politique des enseignants mais introduisit avec un certain succès des écoles secondaires de cycle court qui «avaient fait particulièrement leurs preuves dans l'*Ostmark* (l'Autriche occupée)» pour la sélection de «personnalités dirigeantes». En 1941, afin de briser la résistance des élèves des écoles secondaires, l'adhésion aux Jeunesses hitlériennes devint un préalable au passage de classe et à l'admission au baccalauréat. Le *cdz* mit des bâtiments sous séquestre à la disposition des écoles nazies prestigieuses; celles-ci ne furent cependant pas fréquentées par des Luxembourgeois. Néanmoins, grâce à sa politique scolaire relativement réussie, Gustav Simon devint un candidat sérieux à la succession de Bernhard Rust, ministre de l'Education du *Reich*.

La terreur nazie

Début septembre 1940, les lois raciales de Nuremberg entrèrent en vigueur sur le territoire du *cdz*. Elles concernaient quelque 1 000 Luxembourgeois et 2 900 réfugiés d'Allemagne, d'Autriche, de Pologne et de Tchécoslovaquie. Des magasins juifs furent très vite la cible d'attaques et les enfants juifs furent exclus des écoles. Les synagogues de Luxembourg et d'Esch furent détruites en mai/juin 1941; le port d'un brassard fut imposé en juillet et celui de l'étoile de David en octobre. Le patrimoine juif fut confisqué et en partie vendu aux enchères. A partir d'août 1941, 816 juifs qui n'avaient pas encore pris la fuite furent entassés dans l'ancien couvent de Cinqfontaines. De ceux-ci, 677 seront envoyés dans des camps d'extermination tels qu'Auschwitz et Theresienstadt. Les nazis reprendront 565 autres juifs luxembourgeois en France et en Belgique. Sur un total de 1 289 juifs déportés, seuls 81 survécurent. En avril 1943, le Luxembourg fut déclaré «*judenfrei*». A la fin de 1943, toutes les entreprises juives avaient été aryanisées ou liquidées.

Au cours des décennies précédant l'invasion allemande, le Luxembourg avait connu des courants antisémites, ce qui explique, par exemple, que la Commission administrative ainsi que quelques bourgmestres et directeurs d'école eurent leur part de responsabilité dans le génocide national-socialiste, dans la mesure où ils firent dresser des listes d'habitants et d'écoliers juifs, ou encore pourquoi des Luxembourgeois achetèrent des biens juifs confisqués ou des œuvres d'art spoliées sans toujours les restituer après la guerre.

En novembre 1940, 212 étudiants luxembourgeois inscrits dans des universités allemandes furent envoyés au château de Stahleck à des fins de rééducation. Les huit cents soldats de la compagnie de volontaires furent expédiés pour reconversion à Weimar afin d'y être intégrés aux forces de l'ordre allemandes. Du 22 octobre 1940 au 3 août 1944, un tribunal d'exception condamna 875 personnes (dont quatorze à la peine de mort) pour opinions antiallemandes et actes de résistance.

Le 30 août 1942, le *cdz* instaura le service militaire obligatoire. Cette mesure concernait 10 211 hommes des classes 1920 à 1926. La nationalité allemande devait leur être conférée au jour de leur prise de service. Des grèves éclatèrent au Luxembourg (voir p. 118) contre cette annexion *de facto* qui valait aussi pour l'Alsace et la Lorraine. Sur ces entrefaites, le *cdz* décréta l'état d'urgence et instaura une cour martiale; celle-ci prononça vingt condamnations à mort qui furent exécutées immédiatement. Cent vingt-cinq autres accusés furent remis à la Gestapo et envoyés dans des camps de concentration. Trois cents collégiens furent confiés aux Jeunesses hitlériennes pour rééducation au château de Stahleck. Les membres de la famille des 3 510 réfractaires – des incorporés de force qui tentèrent d'échapper au service militaire en fuyant ou en se cachant – furent déportés en Silésie; leurs maisons furent confisquées et mises à la disposition d'Allemands de souche du Sud-Tyrol ou d'Allemands du *Reich* victimes de bombardements.

Résistance et adaptation

Dès la mi-août 1940, des rixes éclatèrent entre de jeunes Luxembourgeois et des activistes de la *Volksdeutsche Bewegung* parce que les premiers avaient exhibé de manière très ostentatoire les insignes des fêtes du centenaire de l'indépendance de 1939 (ce fut la «Guerre des *pins*», en luxembourgeois *Spéngelskrich*). Quant à la démolition de la *Gëlle Fra* («la femme en or») – monument du souvenir aux volontaires luxembourgeois tombés dans l'armée française pendant la Première Guerre mondiale – elle mena, en octobre 1940, à une manifestation antiallemande des élèves de l'Athénée voisin et à 48 arrestations et interrogatoires par la Gestapo.

La résistance luxembourgeoise ne s'organisa que progressivement et, jusqu'à la fin de la guerre, resta éclatée en multiples groupes différenciés sur le plan régional, social et idéologique. Face aux communistes, qui ne furent actifs qu'après l'invasion de l'Union soviétique par Hitler, il y eut aussi des groupements dont le programme de 1941 prévoyait, après la fin de la guerre, des mesures antiparlementaires, xénophobes et antisémites. Tandis que les actes de violence contre l'occupant et les actes de sabotage étaient rares et advenaient au maximum en cas de légitime défense, la résistance morale était plus significative sur le plan socio-psychologique. Elle s'exprimait par des tracts, des affiches, des graffitis et des journaux clandestins; on donnait aussi des noms patriotiques aux nouveau-nés, composait des arrangements floraux rouge-blanc-bleu, hissait de nuit le drapeau national sur des clochers d'églises ou des cheminées d'usine, entonnait des chants religieux à connotations patriotiques, etc. L'exfiltration de pilotes abattus et la transmission aux services secrets alliés d'informations vitales pour la guerre (informations concernant les fusées v1 et v2 produites sur la base de Peenemünde, entre autres) eurent une importance stratégique.

Les groupes de résistants parvinrent à détourner en plébiscite antiallemand le recensement de la population programmé par le *cdz* pour le 10 octobre 1941. Aux questions concernant l'appartenance nationale, la langue maternelle et l'appartenance ethnique, une grande partie de la population répondit trois fois par « luxembourgeois », de sorte qu'on vit bien l'échec de la politique de germanisation. Gustav Simon ordonna l'arrêt précoce de l'enquête et prévint le gouvernement du *Reich* de l'instauration précipitée du service militaire obligatoire. Malgré cela, lorsque celui-ci fut introduit (voir p. 116), les groupes de résistants qui en avaient eu vent fomentèrent une grève générale pour le lendemain de l'annonce. Le 31 août 1942, à partir de 7 heures du matin, il y eut des arrêts de travail dans quelques entreprises industrielles, écoles et administrations. Lorsque vers 18 heures, Hans Adam, un ouvrier allemand, actionna la sirène pour appeler à la grève même dans l'usine de l'ARBED à Schifflange, le *cdz* perdit patience et décréta l'état d'exception. Les mesures de terreur qui suivirent ne firent que renforcer la motivation d'une résistance dont l'action força l'admiration du monde libre. A la suite de la grève, le service militaire obligatoire ne fut pas étendu aux classes plus âgées comme en Alsace et en Lorraine. Deux mille cinq cents opposants au service obligatoire furent cachés, ce qui compte parmi les hauts faits de la résistance, mais celle-ci ne put réaliser cette opération sans qu'une autre partie de la population soit au courant. Les enquêtes de la *Gestapo* et du *Sicherheitsdienst* (*SD*, un service du renseignement), en partie avec l'aide d'indicateurs introduits clandestinement, permirent aux nazis des descentes de police qui menèrent à des condamnations à mort.

Tandis qu'après la guerre les actes de résistance s'élevaient rapidement au statut de mythe national, la collaboration de Luxembourgeois avec les autorités allemandes resta longtemps taboue. On ne peut nier qu'à côté des suiveurs et des acquéreurs de biens juifs, il y eut aussi des nazis convaincus et des délateurs. Bien que quelques résistants aient pris une carte de membre de la *Volksdeutsche Bewegung* pour se couvrir, il est clair que, grâce à ses indicateurs et à ses « jugements politiques », ce mouvement contribua à maintenir le pays sous le contrôle des nazis. Après le fiasco de Gustav Simon lors du recensement et les premières descentes de police contre les mouvements de résistance, beaucoup de membres de la *Volksdeutsche Bewegung* commencèrent à éprouver des doutes qui se renforcèrent avec l'instauration du service militaire obligatoire et les premières défaites de la *Wehrmacht*. De plus en plus de membres rendaient leur carte: ils avaient été prêts à collaborer avec l'administration allemande mais pas au renoncement à soi exigé au niveau national. Ils en revinrent à l'attitude attentiste caractéristique de la majorité. Plutôt que de partir d'une stricte opposition noir/blanc, l'historien Benoît Majerus plaide en revanche à bon droit pour «l'utilisation d'une grille à plusieurs cases qui ... s'étendrait de la résistance, de l'opposition et de la dissension à la collaboration en passant par le consentement et la coopération». A ce propos, Vincent Artuso montre, dans la thèse qu'il a récemment soutenue, que le concept de «collaboration» est inadéquat, parce que les nouveaux dirigeants s'attendaient à ce que les Luxembourgeois revendiquent leur soi-disant germanité héréditaire et l'idéologie national-socialiste: ils visaient l'assimilation et non la collaboration.

La double fin de la guerre

Précédée par des bombardements de l'aviation alliée qui ne touchèrent pas seulement des installations de chemin de fer et des industries stratégiques mais aussi des zones d'habitat, la 5e division blindée de la 1re armée américaine atteignit la frontière luxembourgeoise le 9 septembre 1944 et entra dans la capitale le 10 septembre. Trois jours plus tard, 90% du territoire étaient libérés. Vu les difficultés de l'intendance et pour des raisons tactiques, l'armée américaine ne se risqua pas dans les vallées frontalières menant vers l'Allemagne.

Les principaux groupes de résistants, réunis depuis mars 1944 sous le nom d'*Unioun* («Union des organisations pour la liberté»), mirent à profit le vide du pouvoir pour mettre en place des milices censées empêcher les lynchages. Lorsque le gouvernement revint d'exil, cette même *Unioun* revendiqua sa participation au pouvoir exécutif. Il y eut d'incessantes discordes politiques entre l'*Unioun*, porteuse d'une légitimité morale, et le gouvernement qui se référait aux élections d'avant-guerre. Même parmi les victimes de la guerre, des querelles opposèrent résistants et incorporés de force.

Il fallut pourtant mettre les querelles politiques en veilleuse pendant un moment lorsque la *Wehrmacht* lança la bataille des Ardennes, le 16 décembre 1944, et réoccupa tout le nord du pays à partir d'Echternach. Alors que le Luxembourg avait été largement épargné par les actes de guerre proprement dits et les destructions, les combats acharnés entre la 3e armée américaine commandée par le général Patton et les unités de la *Wehrmacht* à la fin de 1944 causèrent des dommages considérables dans l'Ösling. Le territoire ne fut définitivement libéré que le 22 février 1945. Le 14 avril, la grande-duchesse Charlotte revint également d'exil. Le 8 mai, le régime nazi capitula sans condition. Il fallut cependant encore plusieurs mois pour rapatrier tous les incorporés de force prisonniers des Soviétiques, les détenus des camps de concentration et toutes les familles déplacées. D'aucuns avaient définitivement disparu.

Le bilan de la guerre

Les statistiques ne peuvent saisir la souffrance humaine. Pour le Luxembourg, qui comptait 290 000 habitants au moment où la guerre éclata, le bilan de la Deuxième Guerre mondiale se présente comme suit (en chiffres bruts):

- 10 211 incorporés de force, dont 2 848 décédés ou disparus,
- 3 510 réfractaires,
- 2 048 civils tués pendant les combats,
- 1 289 juifs déportés dans les camps d'extermination dont 1 208 furent exterminés,
- 3 963 prisonniers politiques, dont 791 décédés,
- 4 186 déplacés dont 154 décédés,
- 584 volontaires enrôlés dans les armées alliées, dont 57 décédés,
- 3 614 femmes dans le service du travail obligatoire du *Reich*,
- 640 fonctionnaires démis de leur fonction,
- 18 658 bâtiments détruits (dans 250 agglomérations sur 589: un tiers du total des bâtiments, 39% des habitants).

Dans le grand récit national marqué avant tout par les expériences des résistants, le sacrifice sanglant offert par la nation luxembourgeoise pendant la Deuxième Guerre mondiale représente l'achèvement de sa construction identitaire et nationale.

Après cette guerre, aucun gouvernement étranger ne mit plus en question l'indépendance du pays.

On assista en revanche à une série de controverses politiques et historiographiques concernant l'attitude du gouvernement : ses opposants l'interprétèrent comme une fuite et ses partisans, comme un exil nécessaire pour assurer l'avenir du Luxembourg du côté des Alliés après la guerre. On lui reprocha avant tout un engagement insuffisant en faveur des résistants qui avaient dû fuir en Grande-Bretagne et des incorporés de force qui s'étaient retrouvés prisonniers de guerre des Russes.

Les origines du mouvement de résistance sont aussi contestées : tandis que les uns supposent des mobiles purement patriotiques et nationaux qui n'apparaissent qu'avec l'invasion du 10 mai 1940, d'autres postulent des raisons idéologiques et politiques déjà perceptibles dès les années trente, dans la lutte contre l'Allemagne nazie, contre la loi muselière et chez les volontaires de la guerre d'Espagne du côté des républicains. On a négligé la motivation religieuse qui a certainement joué un rôle pour beaucoup de gens. En outre, on dissimule souvent le fait qu'au Luxembourg aussi, des résidents étrangers tels que Hans Adam (l'ouvrier de l'ARBED) ou encore des antifascistes italiens prirent part à la résistance. Tandis qu'environ 2 500 réfractaires avaient pu se cacher dans le pays, seule une poignée de juifs eut la même chance. Une analyse différentielle du discours des différents groupes de résistants reste à faire. Tandis que quelques résistants faisaient mine de croire que la nation luxembourgeoise s'était soulevée « comme un seul homme » contre Hitler et l'occupation allemande, on ne peut nier, avec la distance dont nous disposons aujourd'hui, qu'il y eut aussi des collaborateurs, des poltrons et des délateurs. Les cent vingt chefs des sections locales de la *Volksdeutsche Bewegung* (tous de sexe masculin) provenaient en grande partie de la petite et de la moyenne bourgeoisie et avaient souvent des parents en Allemagne. La question de savoir dans quelle mesure les Luxembourgeois incorporés de force furent impliqués dans les crimes de guerre de la *Wehrmacht* n'est pas élucidée non plus. Enfin, on n'a que rarement exploré le rôle des partis, des syndicats et des entrepreneurs pendant la guerre.

Dans le cadre de « l'épuration politique », sur 5 721 personnes soupçonnées de collaboration, 2 275 furent condamnées ; huit condamnations à mort sur douze furent exécutées. En 1955, tous les prisonniers politiques furent amnistiés : pendant la guerre froide, comme dans beaucoup d'autres pays, l'unité nationale passait avant la prise en compte du passé.

CHAPITRE XVIII

De la reconstruction au miracle économique

Le Luxembourg sur la scène internationale

Pendant la guerre, le gouvernement en exil avait noué des relations avec les puissances occidentales en vue de participer, après la guerre, à la réorganisation de l'Europe.

Déjà pendant son exil, le gouvernement avait cherché à resserrer la collaboration avec la Belgique et les Pays-Bas. L'accord monétaire du Benelux fut signé en 1943, et l'union douanière du Benelux en 1944. Le 26 juin 1945, Bech, le ministre des Affaires étrangères, faisait partie des 51 premiers signataires de la charte des Nations unies à San Francisco. En novembre 1944, fut instauré le service militaire obligatoire. En 1948, la neutralité du pays fut biffée de la constitution. Le gouvernement put ainsi adhérer au traité de Bruxelles et à l'OTAN. L'abolition surprise du service militaire obligatoire sur initiative parlementaire en 1966 mena, certes, à une crise gouvernementale mais pas à un moindre engagement dans l'OTAN. A la conférence de Bretton Woods (1944) pour la création du Fonds monétaire international et de la Banque mondiale, le Luxembourg avait une représentation autonome, bien que l'Union économique belgo-luxembourgeoise fût responsable du commerce extérieur. Toutes ces mesures contribuèrent fondamentalement à la reconnaissance internationale de la souveraineté du Luxembourg.

En 1949, le Luxembourg participa sans contestation à la création du Conseil de l'Europe. Nous aurons à revenir sur l'approbation immédiate par le gouvernement de la déclaration Schuman du 10 mai 1951, l'acte de naissance de l'Union européenne (p. 134).

L'armée qu'on venait de mettre sur pied participa à l'occupation de l'Allemagne (Bitburg, Saarburg), de 1945 à 1955, sous commandement français. Le gouvernement s'opposa néanmoins aux envies annexionnistes exprimées par les cercles de droite. Seul le Kammerwald, une forêt près de Vianden, resta jusqu'en 1959 un gage symbolique entre les mains du Luxembourg. A cause des changements rapides de la situation internationale, il n'y eut pas de traité de paix avec l'Allemagne et, en conséquence, pas non plus de paiement de réparations. Néanmoins, sur la base d'un accord du 11 juillet 1959, le gouvernement fédéral paya 18 millions de DM au Luxembourg en réparation des dommages causés par les nazis. A cela s'ajoutèrent environ 60 millions de DM pour le remboursement de propriétés luxembourgeoises et pour l'assistance aux victimes de la guerre. Ceux qui avaient été incorporés de force furent exclus : le gouvernement fédéral ne les reconnut pas comme victimes de la guerre. Ce conflit pesa sur la scène politique luxembourgeoise pendant deux décennies. Ce n'est qu'en 1985 que le chancelier fédéral Helmut Kohl accepta que la République fédérale participe à un fonds d'assistance aux personnes âgées en faveur des incorporés de force.

La reprise de la vie politique et la reconstruction

Au printemps 1945, comme beaucoup de députés déplacés ou prisonniers n'étaient pas encore revenus, le gouvernement désigna trente personnes (dont sept issues des rangs de l'*Unioun*) pour compléter le Parlement-croupion et créer une Assemblée consultative. Cette Assemblée devint l'organe de l'opposition à un gouvernement moralement ébranlé, le seul en Europe qui soit en continuité personnelle avec celui d'avant-guerre.

En juin 1945, un « Groupement patriotique et démocratique » (GPD) vit le jour dans les cercles de l'ancienne résistance : il voulait continuer à en représenter les idéaux dans l'arène politique. En 1951, ce mouvement changea son nom en celui de parti démocratique (PD). Le parti de la Droite prit à la fin de

1944 le nom de parti chrétien social luxembourgeois (PCSL) et chercha à se transformer de parti de notables en parti populaire à base catholique, tandis que le parti ouvrier se renomma « parti ouvrier socialiste luxembourgeois » (POSL) et, dans le cadre de ses participations au gouvernement aux côtés du PCSL, renonça à son attitude fondamentalement anticléricale.

Aux élections législatives d'octobre 1945, le PCSL manqua d'un siège la majorité absolue. Parce qu'il avait perdu des voix, le POSL refusa de reconduire la coalition d'avant-guerre et Pierre Dupong tenta de former un gouvernement rassemblant tous les partis, communistes inclus. L'opposition se voyait ainsi rejetée hors du Parlement, ce qui accentua la nervosité du gouvernement. A l'été 1946, il fit en effet arrêter cinq soi-disant putschistes qui furent relaxés peu après. Après la chute du gouvernement d'union nationale (1947), le PCSL et le GPD formèrent une coalition gouvernementale. Jusqu'en 1974, des coalitions du PCSL avec les libéraux (PD) ou le parti social-démocrate (POSL) alternèrent régulièrement.

Après les destructions massives liées à la bataille des Ardennes de 1944/45, la reconstruction matérielle constituait le problème le plus pressant. Beaucoup d'habitants trouvaient que les travaux s'éternisaient et, pour calmer la colère de la population, il fallut tout le charme de la grande-duchesse qui fit des visites dans tous les villages. En fait, le gouvernement avait fait d'abord dresser un inventaire précis des dommages de guerre afin de pouvoir présenter à l'Allemagne un décompte correct; or, les logements privés arrivaient en queue de la liste des priorités. Un impôt extraordinaire et des emprunts publics financèrent la reconstruction, tandis que le plan Marshall permit la modernisation de l'infrastructure (construction de barrages, canalisation de la Moselle, électrification des chemins de fer, extension de l'aéroport, etc.). La reconstruction prit officiellement fin en 1953 avec la consécration de la basilique d'Echternach qu'on venait de reconstruire.

A cause de la pénurie de coke, la production d'acier ne retrouva son niveau d'avant-guerre qu'en 1948. Pour éviter une crise sociale, les chômeurs furent affectés aux travaux publics dans le cadre de la reconstruction. Le gouvernement voulut recourir de nouveau aux migrants italiens, avant tout pour relancer l'agriculture mais, comme le ministre Bodson avait mis indifféremment sous séquestre toutes les possessions italiennes sous prétexte que l'Italie était une puissance ennemie, le gouvernement italien refusa les visas de sortie. Bodson ne fit marche arrière qu'en 1947, de sorte que l'année suivante, le Luxembourg put signer avec l'Italie un premier accord pour le recrutement de main-d'œuvre italienne.

La politique de diversification économique

Depuis 1949, la politique économique visait à la diversification, de façon à se dégager du monolithisme de l'acier ; elle cherchait aussi à augmenter la régionalisation des investissements de façon à compenser le déclin de l'agriculture dans certaines parties du pays par la création de nouveaux emplois. Goodyear, le fabricant de pneus américain, s'établit au Luxembourg dès 1949. En 1962, une loi-cadre permit d'offrir des conditions favorables à l'installation de nouvelles industries. En ce cas aussi, ce furent surtout des entreprises américaines qui en profitèrent. Jusqu'en 1970, 6 639 nouveaux emplois furent créés de cette manière. En réaction à la crise de l'acier de 1975, l'instrumentaire de la politique économique fut complété une fois de plus, ce qui permit la création de 10 400 nouveaux emplois industriels.

Grâce à des progrès technologiques et à un haut niveau de productivité, les entreprises sidérurgiques – surtout l'ARBED qui avait repris la HADIR en 1969 – firent de grands profits et prirent de l'extension à l'étranger (Sarre, Flandre, Brésil). A son plus haut niveau d'activité pendant l'année 1974, la sidérurgie luxembourgeoise employait quelque vingt-cinq mille salariés, soit à peu près 17% de l'ensemble des travailleurs. Elle produisait 6,45 millions de tonnes d'acier brut contre 2,5 millions de tonnes en 1950. Tout juste un tiers du produit intérieur brut (PIB) provenait du secteur de l'acier. En 1975, la surproduction d'acier au niveau mondial et la hausse simultanée et dramatique du prix du pétrole mirent brutalement en évidence la dépendance du Luxembourg à l'égard de la sidérurgie. La chute de la production de 28% en un an eut des conséquences sur l'ensemble de l'économie et le PIB diminua de 4,5%. Plus prompt que d'autres Etats des Communautés européennes, le Luxembourg réduisit d'environ 15% sa capacité de production d'acier et le nombre des travailleurs d'environ la moitié à 13 400 en 1983, dont environ 30% par des départs à la retraite anticipés. En outre des travaux publics financés par un impôt extraordinaire permirent de mettre les chômeurs au travail. Pour restructurer financièrement l'ARBED, l'Etat en acheta des actions et en devint le principal partenaire (43%). A moyen terme, l'ARBED connut également une restructuration technologique : depuis les années quatre-vingt-dix, elle n'exploite plus que des hauts-fourneaux électriques et a pu réduire d'un tiers le temps de travail par tonne de tôle laminée. Ainsi remise sur pied, l'ARBED fusionna en 2002 avec deux géants de la sidérurgie, le français Usinor et l'espagnol Aceralia pour former le groupe ARCELOR. Ce dernier fut finalement racheté à son tour en 2006 par le magnat indien Lakshmi Mittal qui devint ainsi le plus grand producteur mondial d'acier. Au Luxembourg, début 2012, Arcelor-Mittal n'occupait plus que six mille personnes. La part du secteur métallurgique dans la création de richesse de l'économie luxembourgeoise tomba d'environ 30% en 1970, à tout juste 3% en 2010.

Pendant qu'on compensait la réduction du nombre des emplois industriels par l'essor de l'économie financière (p. 132), la construction d'un troisième pilier dans le domaine des télécommunications ne suscita pas autant de créations d'emplois. Dès 1929, l'Etat concéda les fréquences radio nationales (et en 1955, celles de la télévision) à un émetteur privé – la future RTL. Le gouvernement procéda de la même façon avec les positions orbitales qu'elle concéda à la firme SES (Société européenne des Satellites) : en 1988, le premier satellite-ASTRA fut lancé dans l'espace, en concurrence directe avec des projets similaires français et allemands ; en 2013, la SES entretient une vingtaine de satellites.

Au regard du libéralisme débridé d'avant-guerre, les interventions de l'Etat dans la vie économique se multiplient après 1945. Celles-ci consistent, d'une part, en initiatives en vue de l'installation de nouvelles entreprises (préparation du zoning industriel, avantages fiscaux pendant la phase de lancement, crédits à l'investissement favorables). Par ailleurs, la politique sociale fait progresser les dépenses de consommation : l'adaptation automatique des salaires à l'évolution des prix à la consommation fut introduite en 1921 pour les fonctionnaires de l'Etat et généralisée en 1975; le salaire minimum existe depuis 1944. Le système de sécurité sociale est un des plus complets d'Europe; 1986 voit en outre la création d'un droit conditionnel à un revenu minimum garanti pour les personnes sans travail vivant au-dessous du seuil de pauvreté. Avec la garantie d'un haut niveau de consommation, l'Etat-providence caractérise ce qu'on a appelé le «modèle luxembourgeois» plus sûrement encore que le dialogue social visant au consensus auquel participent gouvernement, syndicats et patronat depuis la crise de l'acier (1977). Ces trois instances sont si intégrées sur le plan institutionnel qu'on peut évoquer à ce propos une perte d'importance du Parlement élu. Les chambres professionnelles, depuis 1924, et le Conseil économique et social, depuis 1966, sont chargés d'émettre un avis sur les projets de loi relatifs à l'ensemble de leurs domaines de compétence.

Malgré une certaine diversification, l'économie reste dépendante de l'étranger tant en ce qui concerne les débouchés que le capital et le savoir-faire technique. Les centres de décision restent à l'étranger et opèrent en fonction d'une logique d'entreprise sans égards pour les intérêts nationaux. La maison-mère de Goodyear, par exemple, imposa l'autorisation de travailler le dimanche et quelques entreprises installées depuis peu fermèrent leurs portes après l'expiration des subventions.

De la crise de société des années soixante-dix à l'envol culturel

Tandis que les années cinquante se caractérisaient par l'essor économique et que dominait le discours politique de la guerre froide – pillage de l'ambassade soviétique en 1956 suite à l'écrasement de la révolte hongroise –, l'*American way of life* imprégnait la vie quotidienne depuis la guerre avec la généralisation de produits ménagers tels que boîtes de conserve, machine à laver, réfrigérateur, voiture, télévision, maison individuelle et bien d'autres, et avec l'individualisme qui accompagnait cette évolution. Vers la fin des années soixante, une vague de protestation étudiante mit ce mode de vie en question dans l'ensemble de l'Europe occidentale; le mouvement toucha aussi le Luxembourg du fait des séjours d'étude à l'étranger de la plupart des étudiants universitaires. Les protestations contre la guerre du Vietnam, contre l'entrée des troupes soviétiques à Prague et plus tard contre le coup d'Etat orchestré au Chili par le gouvernement des Etats-Unis ou contre le régime de Franco, se déroulèrent un peu plus calmement, vu que le Luxembourg ne disposait d'aucune organisation étudiante. La contestation étudiante, à laquelle les écoliers s'associèrent en 1971, mena cependant à une reconnaissance des diplômes universitaires étrangers (1969), à l'abolition de la séparation des sexes dans les écoles secondaires et à l'introduction d'une alternative laïque à l'enseignement religieux. Le 9 octobre 1973, les syndicats de gauche organisèrent une journée de grève et d'action contre le gouvernement de la droite libérale, lors de laquelle les objectifs politico-sociaux passèrent avant les revendications en matière de travail. En 1974, on prescrivit la représentation du personnel dans les entreprises occupant plus de 150 travailleurs. A la fin de la décennie, la constitution de l'*OGBL* (*Onofhängege Gewerkschaftsbond Lëtzebuerg*, «Confédération syndicale indépendante du Luxembourg»), illustra un regroupement au sein du syndicalisme de gauche, à l'exception des syndicats chrétiens.

De 1962 à 1965, le concile Vatican II entama un renouvellement de l'Eglise catholique dans le sens d'une ouverture sur le monde profane. De 1972 à 1981, les décisions de ce concile furent adaptées au cas luxembourgeois par un synode diocésain qui, pour la première fois, comportait aussi des laïcs. La régression de la pratique religieuse traditionnelle ne fut pas enrayée pour autant.

Les élections de 1974 amenèrent la rupture avec les politiciens qui avaient encore vécu la guerre personnellement. Le PCSL perdit trois sièges, de sorte que le PD et le POSL purent former le seul gouvernement de coalition depuis 1925 sans participation du PCSL. Ce gouvernement réformateur abolit la peine de mort, modernisa le régime pénitentiaire et le droit du divorce, légalisa l'avortement et dut aussi gérer la crise pétrolière et la crise de l'acier concomitante (p. 126). Si la crise du pétrole avait fait prendre conscience des «limites à la croissance», des initiatives citoyennes contrecarrèrent des projets gouvernementaux tels que la construction d'une centrale nucléaire à Remerschen (1977) ou celle d'une tour géante pour le Parlement européen sur le plateau du Kirchberg (1978). Cette mobilisation de la société civile se prolongea dans les années quatre-vingt avec le mouvement pacifiste contre l'armement nucléaire. Un parti vert, fondé en 1979 à l'instar des exemples allemand et belge, chercha depuis lors, non sans succès, à donner une expression politique à ces mouvements contestataires.

Après les élections de 1979, un PCSL rajeuni put former, avec le PD, une coalition libérale de droite. Celle-ci dut non seulement gérer la seconde phase de la crise de l'acier et le second choc des prix pétroliers, mais soutint le projet audacieux d'une société de satellites. L'évolution sociolinguistique en gestation depuis la Deuxième Guerre mondiale, entre autres du fait d'une assimilation dialectale favorable à la variété centre-luxembourgeoise, aboutit à la formation d'une «nation linguistique» distincte de l'allemande et de la française. En 1984, la langue luxembourgeoise obtint pour la première fois un statut légal. A l'occasion de cette initiative, comme lors de la grande exposition organisée pour le 150e anniversaire de la formation de l'Etat (1989), le gouvernement s'opposa aussi aux tendances nationalistes et au purisme linguistique qui se développaient depuis les années soixante-dix en réaction à la crise économique, à la globalisation et à l'immigration croissantes. En 1991, selon le vœu du gouvernement, l'émission de télévision dominicale en langue luxembourgeoise qui existait depuis 1969 fut transformée en bulletin d'information quotidien. Le monopole sur le marché des ondes luxembourgeois, assuré par contrat concessionnaire à RTL, fut aboli en 1991, lorsque le législateur libéra les fréquences.

Si, notamment grâce à l'intégration des syndicats dans le dialogue social (entretiens de la Tripartite), à l'exclusion des ouvriers migrants du droit de vote et à l'essor de la consommation de masse individualiste, le système économique et social avait traversé indemne les années de crise, la crise sociétale entraîna la dissolution du bloc idéologique que constituaient jusque-là le PCSL, le syndicat *LCGB*, le quotidien *Luxemburger Wort* avec son quasi-monopole et l'Eglise catholique. Quelques porte-parole des conservateurs eurent beau lutter encore jusqu'au tournant du siècle contre la prétendue menace communiste qui pointait derrière chaque critique sociale, la fin de la guerre froide entraîna aussi au Luxembourg la rupture des blocages de la pensée. Lorsque Luxembourg fut pour la première fois capitale européenne de la culture en 1995, la ville et le pays vécurent une explosion de créativité culturelle. Ce renouveau avait débuté au milieu des années quatre-vingt en littérature, avec la percée du roman à connotation sociocritique en langue luxembourgeoise de Guy Rewenig et Roger Manderscheid. En 2003, l'artiste luxembourgeoise Su-Mei Tse obtint le Lion d'Or à la 50e Biennale de Venise. En 2003 également, après des années de débats, Erna Hennicot-Schoepges, ministre de la Culture et de l'Enseignement supérieur, put faire passer la loi pour la fondation de l'Université du Luxembourg, notamment parce que le pourcentage de diplômés universitaires au Luxembourg était un des plus bas de l'Union européenne. Ces développements de longue durée attendent encore leur élaboration historique.

L'essor entravé de la place financière

Ce qu'on peut considérer à première vue comme une mesure de politique économique visant à compenser les pertes dues à la crise de l'acier, fut plutôt l'effet du hasard. L'ascension du Luxembourg au niveau de place financière d'importance mondiale depuis le milieu des années soixante-dix s'appuyait, d'une part, sur un cadre légal créé vers la fin des années vingt (bourse, sociétés de holding) et, d'autre part, sur des développements à l'étranger qui y amenèrent les banques à ouvrir des filiales au Luxembourg. Des banques américaines s'y établirent vers la fin des années soixante parce que leurs gouvernements les incitaient à chercher des dollars en dehors du marché américain. Des banques allemandes s'installèrent parce que, pour lutter contre l'inflation, le gouvernement fédéral avait haussé le montant des dépôts obligatoires sans intérêts auprès de la *Bundesbank*. Les banques scandinaves arrivèrent parce qu'il leur était interdit d'accorder des prêts en devises dans leur pays d'origine. A partir de 1973, la crise du pétrole engendra un excédent de pétrodollars dont les détenteurs cherchaient des possibilités d'investissement. Au Luxembourg, le cadre légal ne prévoyait pas de restrictions aux affaires financières; il n'y avait pas de banque centrale; la supervision bancaire était lâche mais suffisamment forte pour être une garantie de sérieux; la stabilité politique et sociale régnait; les employés étaient multilingues; depuis 1965, les services financiers et juridiques de la CEE avaient leur siège au Luxembourg et les décideurs politiques et économiques se montraient fort prévenants. A ce moment fleurissait avant tout l'euromarché avec des crédits internationaux, en particulier en eurodollars ou en monnaies composites, et le nombre des holdings financiers atteignit des sommets. Les avantages fiscaux (inexistence des retenues à la source) et le secret bancaire n'en furent donc pas les premiers attraits. Ceux-ci ne virent croître leur importance que dans les années quatre-vingt, lorsque la place bancaire s'intéressa au *Private Banking* à cause de la politique concernant la fiscalité de l'épargne dans les pays voisins. Une mise en œuvre rapide des directives de la Communauté européenne à ce sujet entraîna simultanément le développement du marché luxembourgeois des fonds d'investissement qui est aujourd'hui le deuxième plus grand au monde. En 1995, on dénombrait 220 banques; en 2010, ce nombre était revenu à 150, avant tout du fait de fusions. Jusqu'en 2008, les dépôts montèrent continuellement jusqu'à 931 milliards d'euros. En 2010, 3 600 fonds d'investissement géraient plus de 2 000 milliards d'euros.

En conséquence de ce succès, l'économie luxembourgeoise est encore organisée sur un mode monolithique: les banques et les assurances génèrent aujourd'hui plus de 30% des recettes de l'Etat, soit 30% de la création de valeur et couvrent 12% des postes de travail (40 000). Du fait que, depuis des décennies, les nouveaux emplois ont été créés principalement dans le secteur des services (en dehors de la place financière, on mentionnera encore les services liés aux entreprises, la circulation, la diffusion des informations, le système de santé publique et la sécurité sociale ainsi que le commerce de détail), on observe une véritable tertiarisation du marché du travail dont les services constituent plus de 70%. C'est entre autres pour cette raison que, depuis les années quatre-vingt, le nombre des travailleurs frontaliers a véritablement explosé (voir p. 142). Grâce au secteur financier, la balance des services qui affiche d'importants excédents compense la balance commerciale, négative depuis la crise de l'acier. De 1985 à 2008, la croissance économique annuelle est de 5%. Le PIB de 102 145 USD par habitant (2007) fait du Luxembourg un des pays les plus riches du monde, avec une population qui atteignit pour la première fois le demi-million en 2010.

Sur le plan sportif, les succès sont plus rares. On soulignera les victoires au Tour de France de François Faber (1909, premier non-Français), de Nicolas Frantz (1927, 1928), de Charly Gaul (1958) et d'Andy Schleck en 2010, suite au déclassement d'Alberto Contador. Les médailles d'or olympiques de Michel Theato au marathon en 1900, à Paris, et de Josy Barthel en 1952 sur le 1 500 mètres, à Helsinki, ainsi que les titres de champion du monde cycliste d'Elsy Jacobs (1958) et de Sylvie Hülsemann en ski nautique (1961) sont déjà anciens.

Pourtant, le pays doit aussi affronter d'énormes défis. La crise économique de 2007/08, qui toucha en priorité le marché financier, révéla les faiblesses structurelles de l'économie luxembourgeoise en général et du secteur bancaire en particulier. Les branches lucratives de l'économie reposaient en partie sur des «niches de souveraineté» (sociétés holding [progressivement abolies à partir de 2007 sur ordre de la Commission européenne], secret bancaire [abolition annoncée pour 2014], taux d'accises faibles sur l'essence, l'alcool et le tabac, taux de TVA faible) qui ne résultaient pas forcément d'une politique concertée et qui disparaîtront dans le sillage de la régulation croissante imposée par l'Union européenne. La pension de retraite suppose une croissance économique annuelle moyenne de 4%, un objectif qui n'est plus guère soutenable. Face aux défis écologiques (changement climatique, pénurie d'énergie, occupation des sols), les mesures prises par les gouvernement successifs s'avèrent plutôt sans effet. Avec 11,82 hectares globaux par personne, le Luxembourg a laissé en 2010 la plus grande empreinte écologique au monde. Le chômage croissant (plus de 7% en 2010), la grande crise du logement, le haut taux de divorce et le piège du surendettement ont étendu en 2009 le risque de la pauvreté à 14,9% de la population résidente, même si, avec un revenu mensuel de 1 588 euros, ce seuil est encore relativement élevé. Seule une instruction mieux adaptée aux besoins du pays engendrera de nouvelles opportunités de croissance économique.

La participation au processus d'intégration européenne

En 1986, lors de la remise du prix international Charlemagne d'Aix-la-Chapelle au peuple luxembourgeois, le député-maire d'Aix adressa à l'assistance des paroles élogieuses pour le Grand-Duché: «Par sa clairvoyance et sa détermination, le Luxembourg a fait de nécessité vertu en ce qui concerne la dimension européenne: bien qu'il soit le plus petit partenaire de la communauté, il a assez souvent fait honte à ses compagnons de route plus grands de leur provincialisme mesquin et méfiant. (...) Le peuple luxembourgeois a ses frontières grandes ouvertes et accueille de nombreuses nationalités sans perdre sa spécificité ethnique, culturelle et linguistique. Il faut aujourd'hui remercier cet homme européen, ce citoyen ordinaire, ce Luxembourgeois qui va son chemin. (...) Il veut rester luxembourgeois. Mais il sait qu'il n'aura d'avenir comme tel que s'il est aussi européen».

La participation du Luxembourg au processus d'intégration européenne auquel appela le ministre des Affaires étrangères français Robert Schuman, né à Luxembourg, ne fit pas l'objet de débats publics ni d'affrontements entre partis politiques. Vu l'importance économique de sa sidérurgie, il fallait que le Luxembourg fasse partie de la Communauté européenne du charbon et de l'acier (CECA) et il fut l'un des principaux bénéficiaires du processus de globalisation débutant. En 1952, la capitale devint provisoirement le premier siège de la Haute Autorité. Même si Joseph Bech, le ministre des Affaires étrangères, se méfiait du transfert de trop de droits souverains à une instance supranationale et craignait qu'une trop grande liberté de circulation ne submerge le Luxembourg d'ouvriers migrants italiens, les traités de Rome de 1957 furent ratifiés à la quasi-unanimité (sans les voix du parti communiste).

La seule question contestée fut celle du siège de la CECA: quelles institutions allaient s'établir à Luxembourg? Pour les raisons que l'on sait, Bech se refusa à proposer Luxembourg comme siège unique de toutes les instances de la CEE. L'idée de Jean Monnet de faire du Grand-Duché un district européen à l'instar de Washington DC fut assez froidement reçue. Les institutions européennes sont encore dispersées aujourd'hui parce que les six gouvernements ne purent se mettre d'accord sur le choix d'une capitale commune. Depuis la signature du traité de fusion des exécutifs de la CECA, de la CEE et de l'Euratom instituant la Commission européenne en 1965, la Cour de justice, le Secrétariat général de l'Assemblée parlementaire, la Banque européenne d'investissement, le Centre de calcul, l'Office statistique et l'Office des publications ont leur siège à Luxembourg. La Cour des comptes s'y ajouta en 1977. Trois mois par an, le Conseil des ministres se réunit à Luxembourg où, depuis 1963, un nouveau quartier urbain comprenant les bâtiments de la plupart des institutions européennes s'est développé sur le plateau du Kirchberg.

Lors des négociations, les diplomates luxembourgeois adoptent régulièrement une attitude prudente correspondant au poids limité du pays vu sa surface et sa population. Plutôt que de mettre en péril le consensus des autres Etats membres au profit des intérêts luxembourgeois, ils sollicitent des régimes de dérogation sur des questions vitales. Ainsi le Luxembourg fut-il autorisé à protéger son agriculture retardataire en maintenant plus longtemps que les autres des restrictions aux importations. En matière de liberté de circulation, le Luxembourg fut toujours autorisé à ouvrir ses frontières plus tard, vu l'étroitesse de son marché du travail. Lors de la constitution de la Haute Autorité de la CECA, le nombre des commissaires fut élevé à neuf au lieu des cinq prévus de sorte que le Luxembourg put aussi nommer un commissaire. Le Luxembourg envoyait 4 députés sur 224 à l'Assemblée parlementaire de la CECA, 6 sur 142 au Parlement de la CEE à Strasbourg et en envoie aujourd'hui 6 sur 735 au Parlement de l'Union européenne.

Le petit « oui » (56%) à la Constitution européenne prononcé par les électeurs en juillet 2005, malgré la menace de démission de Jean-Claude Juncker, fut certainement une déception au regard de la tendance à l'encensement de soi et des autres affichée par les Luxembourgeois en matière d'européanisme. En effet, quelques politiciens luxembourgeois de pointe ont joué un rôle influent au sein de l'Union européenne, pour ne mentionner que le projet de monnaie européenne dû au Premier ministre Pierre Werner (1970) ou l'Union économique et monétaire fondée par le traité de Maastricht (1992) à la conception duquel a activement participé le ministre des Finances Jean-Claude Juncker.

Le Luxembourg a aussi tiré et tire encore des avantages évidents de sa participation à la CECA, à la CEE et à l'UE : notamment une période de paix de plus de soixante ans, un marché intérieur sans droits de douane, une liberté totale de circulation et de séjour, des aides substantielles du Fonds social européen lors de la reconversion de la sidérurgie, de nombreux emplois dus à la présence des institutions de l'UE. Il faut sans doute chercher l'origine de ce vote réticent dans un mélange disparate de fronde de beaucoup d'opposants à la globalisation, de rancœur contre l'exclusion des citoyens du processus anonyme de décision, de protestation contre l'ancrage d'un modèle économique néolibéral dans la Constitution de l'UE et de tendances au repli sur soi de certains milieux nationalistes.

En revanche, depuis quelque trente ans, celle qu'on appelle la Grande Région, à laquelle appartiennent, outre le Luxembourg, la Lorraine française, les Etats fédéraux de Sarre et de Rhénanie-Palatinat, la Wallonie et la Communauté germanophone en Belgique, a gagné en importance pratique, surtout en ce qui concerne le marché de l'emploi (comp. p. 141), mais aussi au regard du comportement des consommateurs et, de plus en plus, en matière d'offres culturelles.

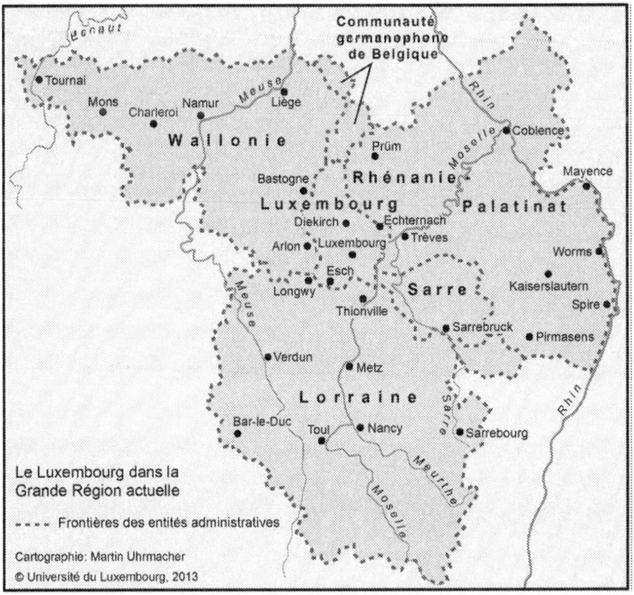

Le Luxembourg dans la Grande Région actuelle

---- Frontières des entités administratives

Cartographie: Martin Uhrmacher

© Université du Luxembourg, 2013

CHAPITRE XIX

Mouvements migratoires

Avant l'industrialisation

Dans les chapitres consacrés à la Pré- et Protohistoire, nous avons signalé des mouvements migratoires démontrés par l'archéologie que la Grande Région qui entoure le Luxembourg a connus depuis l'Age de la Pierre. La période gallo-romaine y fut d'une importance particulière parce qu'elle fut le théâtre d'un processus d'acculturation bilatéral cultuel, culinaire, architectural et linguistique qui, en fin de compte, toucha tous les domaines de la vie. Le Moyen Age connut des migrations incessantes : vu leur taux élevé de la mortalité, les villes n'auraient pu survivre sans apport démographique des campagnes. Pèlerins, commerçants et mendiants peuplaient les grandes routes et expliquent en partie le grand nombre des hospices et des hôpitaux installés dans les abbayes, aux portes des villes ou perdus au cœur des Ardennes. Au début des Temps modernes, on observe surtout des migrations de soldats, de mercenaires licenciés ou d'ouvriers du bâtiment suite aux destructions causées par les guerres. Après la prise de Luxembourg, Louis XIV encouragea délibérément l'installation d'immigrants venus de la France profonde.

Après la révolution industrielle

Au XIXe siècle, l'intégration du Luxembourg dans l'Union douanière allemande y attira le transfert de capitaux, de biens et de savoir-faire ainsi que de personnes: dans leurs usines du Luxembourg, les investisseurs allemands embauchèrent des ingénieurs et des ouvriers spécialisés allemands parce que les travailleurs locaux en quête d'emploi manquaient des connaissances techniques requises. Comme ils s'installaient avec leurs familles, les Allemands représentèrent jusqu'à la Première Guerre mondiale plus de la moitié et, entre 1920 et 1940, encore plus de 40% des étrangers résidant au Luxembourg (1875: 3%, 1910: 15% de la population). Pour les travaux les moins payés dans les mines, les entreprises sidérurgiques et le secteur de la construction, on engageait des ouvriers migrants italiens qui arrivaient souvent sans famille et, à la recherche de meilleures conditions de travail, changeaient souvent d'entreprise, que ce soit au Luxembourg, en Lorraine ou en Sarre. Quelques entrepreneurs italiens s'établirent aussi à demeure, fondèrent des entreprises de construction ou offrirent des produits (pâtes alimentaires) et des services (restauration) demandés par leurs compatriotes. De véritables quartiers italiens virent le jour dans les villes industrielles du sud du pays.

La courbe d'évolution de l'immigration atteignait 15,3% de la population en 1910 et 18,6% en 1930. Elle suivait assez précisément la courbe de la croissance économique, de sorte que les Italiens furent considérés comme moteur aux époques de croissance et comme soupape de sécurité aux époques de crise. Dans les années vingt, beaucoup d'Italiens antifascistes purent trouver travail et refuge au Luxembourg sans devoir solliciter le statut de réfugié. Toutefois, le gouvernement accordait de plus en plus rarement (p. 101) la nationalité luxembourgeoise et, en 1940, en restreignit l'accès par une loi.

Bien que le besoin de main-d'œuvre étrangère fût encore très sensible après la Deuxième Guerre mondiale, le gouvernement pratiqua une politique d'immigration restrictive et ne se rallia qu'avec beaucoup d'hésitations aux mesures en faveur de la liberté de circulation promues par la CECA, la CEE et enfin l'UE. Ce fut surtout l'industrie du bâtiment, florissante du fait de la reconstruction et de la croissance économique qui suivit, qui permit à de nombreux Italiens de trouver un emploi, tandis que les hauts salaires rendaient la sidérurgie attrayante même pour les Luxembourgeois et que les étrangers y étaient plus rarement embauchés. Lorsque l'immigration italienne diminua dans le courant des années cinquante parce que l'Italie du Nord connaissait elle-même un boom économique, le gouvernement chercha à faciliter le regroupement familial, à augmenter les contingents annuels d'immigrants, à encourager la construction de foyers de migrants et de logements d'entreprise, et à mettre sur pied un service social pour immigrants. Mais ce furent les ouvriers migrants portugais qui profitèrent de cette libéralisation. Les premiers arrivèrent de Lorraine et firent bientôt venir leurs parents et voisins du Portugal. L'établissement de familles entières changea les conditions d'intégration. Jusqu'à ce jour, ni le marché du logement, par ailleurs très tendu, ni le système scolaire ne se sont adaptés à cette nouvelle situation.

A L'ÈRE POSTINDUSTRIELLE

Dans les années soixante-dix, le développement économique mena à un nouvel accroissement du nombre des étrangers qui s'installaient au Luxembourg. Toutefois, les employés des banques et des instances européennes n'avaient pas grand-chose en commun avec les anciens migrants du secteur de la construction, de la restauration ou des entreprises de nettoyage. En effet, les fonctionnaires des institutions internationales et les cadres dirigeants représentent un type de migrant transnational toujours prêt à changer de lieu de travail. En ce cas, il ne peut être question d'intégration culturelle ou politique dans la société des résidents.

Comme le marché du logement ne croissait pas aussi rapidement que les besoins en main-d'œuvre, non seulement le secteur des services en croissance exponentielle, mais la grande industrie elle-même firent de plus en plus appel à des frontaliers qui faisaient tous les jours la navette entre leur lieu de résidence de l'autre côté de la frontière belge, française ou allemande et leur lieu de travail au Grand-Duché. Au XXIe siècle, le marché de l'emploi a débordé les frontières et s'est étendu à la Grande Région. Dans les communes les plus proches du Luxembourg, les prix montent sur le marché du logement. L'encombrement croissant de l'infrastructure de circulation est une des conséquences de cette évolution. Les barrières linguistiques ont suscité dans une partie de la population résidente une aversion pour les «étrangers» en général, sans qu'on en vienne jusqu'ici à une xénophobie ouverte ou à des succès électoraux des partis d'extrême droite. Néanmoins, une certaine poussée droitière se manifeste incontestablement dans les partis conservateurs depuis les années quatre-vingt, surtout sous forme d'une revitalisation de symboles nationaux. En 1984, le mouvement linguistique puriste «*Aktioun Lëtzebuergesch*» put imposer l'ancrage dans la loi de la langue luxembourgeoise (comp. p. 130). En 2001, une connaissance de base de la langue luxembourgeoise devint l'une des conditions de l'acquisition de la nationalité luxembourgeoise. Cette disposition fut encore renforcée en 2008, tandis qu'on admettait le principe de la double nationalité. Le pluralisme linguistique quotidien des gens qui travaillent au Luxembourg et le multilinguisme de ceux qui y ont grandi ont de bonnes chances de se maintenir.

Depuis la guerre des Balkans, les réfugiés politiques s'engouffrent dans le pays mais le gouvernement en refoule la plupart au prétexte qu'il s'agit de travailleurs migrants déguisés. Les immigrants traditionnels venus d'Italie et du Portugal sont considérés depuis longtemps comme quasiment intégrés. Leur rôle d'«amortisseurs de crise» sur le marché du travail a été repris par les frontaliers.

Sur ce même marché, pendant la journée, les étrangers sont majoritaires au Luxembourg depuis les années quatre-vingt-dix. En 2009, les frontaliers représentaient 44% des salariés, les Luxembourgeois 29%, les citoyens-UE résidents 24% et les non-UE 3%. Les Luxembourgeois ne sont vraiment majoritaires (88%) que dans les administrations publiques; dans la restauration et le secteur de la construction, ils ne sont plus que 10%. Comme au XIXe siècle, des étrangers occupent les échelons supérieurs et inférieurs de l'échelle sociale. En 2013, vivent au Luxembourg 44,5% d'étrangers et 55,5% de Luxembourgeois; parmi ces derniers, 37% ont deux parents et quatre grands-parents possédant la nationalité luxembourgeoise. L'admission de la double nationalité devrait faire remonter légèrement le nombre des résidents disposant du droit de vote, tombé sous la barre des 50% en 2004.

Sélection bibliographique

Une bibliographie exhaustive et régulièrement actualisée de l'histoire transnationale du Luxembourg est disponible sur la page internet suivante : http://wwwde.uni.lu/formations/flshase/bachelor_en_cultures_europeennes_histoire_academique/bibliographie.
On trouvera une bibliographie régulièrement mise à jour de tous les travaux parus au et à propos du Luxembourg sur le portail internet de la Bibliothèque nationale du Luxembourg : http://www.bnl.public.lu/fr/bibliographie/index.html.
La sélection bibliographique ci-dessous reprend surtout des ouvrages introductifs et des travaux de recherche récents dont les bibliographies peuvent être utiles.

Introductions générales

L'économie luxembourgeoise au 20e siècle, réalisé par le STATEC sous la direction de Robert WEIDES, Esch-sur-Alzette, 1999

L'économie luxembourgeoise. Un kaléidoscope 2008, rédaction : Paul ZAHLEN (STATEC), Luxembourg, 2009

Histoire du Luxembourg. Le destin d'un « petit pays », sous la direction de Gilbert TRAUSCH, Toulouse, 2002

Le Luxembourg au tournant du siècle et du millénaire, sous la direction de Gilbert TRAUSCH, Esch/Alzette, 1999

Der Luxemburg Atlas. Atlas du Luxembourg, hrg. v. Patrick BOUSCH, Tobias Chilla u. a., [Köln], 2009

Paul MARGUE, Marie-Paule JUNGBLUT, *Le Luxembourg et sa monnaie*, [Luxembourg], 1990

Mémorial 1989. La société luxembourgeoise de 1839 à 1989, s. l., 1989

Michel PAULY, « Questions autour d'une parure en coquillages trouvée à Waldbillig. Plaidoyer pour une perspective trans- ou méta-nationale de l'histoire luxembourgeoise », *Hémecht*, 58, 2006, p. 9-33

Michel PAULY, « Was unterscheidet die Muschelkette aus Waldbillig von der Igeler Säule? Von der trans- zur metanationalen Perspektive in der Nationalgeschichte am Beispiel Luxemburgs », *in* http://geschichte-transnational.clio-online.net/forum/*id.* =895&type=artikel ; http://hsozkult.geschichte.hu-berlin.de/forum/*id.* =897&type=diskussionen

Pit PÉPORTÉ, Sonja KMEC, Benoît MAJERUS and Michel MARGUE, *Inventing Luxembourg. Representations of the Past, Space and Language from the Nineteenth to the Twenty-First Century*, Leiden/Boston, 2010

Daniel SPIZZO, *La nation luxembourgeoise. Genèse et structure d'une identité*, Paris, 1995

Guy THEWES, *Les gouvernements du Grand-Duché de Luxembourg depuis 1848*, Luxembourg, 2003

Gilbert TRAUSCH, *Du particularisme à la nation. Essais sur l'histoire du Luxembourg de la fin de l'Ancien Régime à la Seconde Guerre mondiale*, Luxembourg, 1989

Gilbert TRAUSCH, *Le Luxembourg. Emergence d'un Etat et d'une Nation*, Anvers, 2007[2]

La Ville de Luxembourg. Du château des comtes à la métropole européenne, sous la direction de Gilbert TRAUSCH, Anvers, 1994

ETUDES DE DÉTAIL CONSACRÉES À DES PÉRIODES PARTICULIÈRES

« 1848 : Auf der Suche nach der verlorenen Revolution », *forum*, 185, Juli 1998, p. 16-53

Die Abtei Echternach 698-1998, hrg. v. Michele Camillo FERRARI, Jean SCHROEDER, Henri TRAUFFLER (Publ. du CLUDEM, 15), Luxemburg, 1999

An der Schwelle zur Neuzeit? Luxemburg im Europa des ausgehenden 16. Jahrhunderts (Catalogues du Musée d'Histoire de la Ville de Luxembourg, 2), Luxembourg, 1997

Les années trente, base de l'évolution économique, politique et sociale du Luxembourg d'après-guerre?, Actes du colloque de l'ALEH du 27-28 octobre 1995 (Beiheft zu Hémecht), Luxembourg, 1996

Vincent ARTUSO, *La collaboration au Luxembourg durant la Seconde Guerre mondiale (1940-1945). Accommodation, Adaptation, Assimilation* (Luxemburg-Studien / Etudes luxembourgeoises, 4), Frankfurt am Main, 2013

ASTI 30+. 30 ans de migrations, 30 ans de recherches, 30 ans d'engagements, éd. par Michel PAULY, Luxembourg, 2010

Alain ATTEN, *Le Luxembourg à la fin de l'Ancien Régime. Structures politiques, sociales et économiques du duché de Luxembourg au 18e siècle* (Catalogue Série ANLUX 2), Luxembourg, 1989

Albert CALMES, *Histoire contemporaine du Grand-Duché de Luxembourg*, 5 vol., Luxembourg, 1939-1971 [betr. 1815-1848]

Christian CALMES, *1867. L'affaire du Luxembourg*, Luxembourg, 1967

Christian CALMES, *1914-1919. Le Luxembourg au centre de l'annexionnisme belge*, Luxembourg, 1976

Christian CALMES, *1919. L'étrange référendum du 28 septembre*, Luxembourg, 1979

CSV – Spiegelbild eines Landes und seiner Politik? Geschichte der Christlich-Sozialen Volkspartei im 20. Jahrhundert, hrg. v. Gilbert TRAUSCH, Luxembourg, 2008

Les courants politiques et la Résistance : Continuités ou ruptures?, Colloque international Esch-sur-Alzette, avril 2002, Luxembourg, 2003

Paul DOSTERT, *Luxemburg zwischen Selbstbehauptung und nationaler Selbstaufgabe. Die deutsche Besatzungspolitik und die Volksdeutsche Bewegung 1940-1945*, Luxemburg, 1985

Ermesinde et l'affranchissement de la ville de Luxembourg. Etudes sur la femme, le pouvoir et la ville au XIIIe *siècle*, éd. par Michel MARGUE (Publ. du CLUDEM, 7/Publ. du Musée d'Histoire de la Ville de Luxembourg, I), Luxembourg, 1994

... et wor alles net esou einfach. *Questions sur le Luxembourg et la deuxième Guerre mondiale. Fragen an die Geschichte Luxemburgs im Zweiten Weltkrieg. Lesebuch zur Ausstellung* (Publ. du Musée d'Histoire de la Ville de Luxembourg, X), Luxembourg, 2002

Europäische Governance im Spätmittelalter. Heinrich VII. von Luxemburg und die großen Dynastien Europas. Tagungsband der 15. Journées lotharingiennes, hrg. v. Michel PAULY (PSH, 124; Publ. du CLUDEM, 27), Luxembourg, 2010

Ben FAYOT, *Sozialismus in Luxemburg*, 2 Bände, Luxemburg, 1979/[1989]

La formation territoriale du pays de Luxembourg depuis les origines jusqu'au milieu du quinzième siècle. Catalogue de l'exposition organisée par les Archives de l'Etat, Luxembourg, 1963

Norbert FRANZ, «Der Finanzplatz Luxemburg als Ergebnis wirtschaftlichen Bedarfs, politischen Willens und europäischer Integration», *in Europas Finanzzentren. Geschichte und Bedeutung im 20. Jahrhundert*, hrg. v. Christoph Maria MERKI, Frankfurt a. M./New York, 2005, p. 149-165

Norbert FRANZ, «Nation oder Partikularismus. Die Revolution von 1848/49 in Luxemburg», *in «Der schlimmste Punkt in der Provinz». Demokratische Revolution 1848/49 in Trier und Umgebung*. Katalog-Handbuch zur Ausstellung des Städtischen Museums Simeonstift Trier vom 4.10.1998-30.4.1999, Trier, 1998, p. 644-661

Peter GILLES, *Dialektausgleich im Lëtzebuergeschen. Zur phonetisch-phonologischen Fokussierung einer Nationalsprache* (Phonai, 44), Tübingen, 1999

Thierry GROSBOIS, «Le Luxembourg et l'historiographie de la construction européenne», *Hémecht*, 60, 2008, p. 415-435

Heinz HEINEN, *Trier und das Tevererland in römischer Zeit* (2000 Jahre Trier, 1), Trier, 1985

Georges HEISBOURG, *Le Gouvernement luxembourgeois en exil*, 4 vol., Luxembourg, 1986-1991

L'histoire, le présent et l'avenir du modèle social luxembourgeois, éd. par Serge ALLEGREZZA, Mario HIRSCH et Norbert VON KUNITZKI, Luxembourg, 2003

Jörg K. Hoensch, *Die Luxemburger. Eine spätmittelalterliche Dynastie gesamteuropäischer Bedeutung 1308-1437*, Stuttgart, 2000

Un itinéraire européen: Jean l'Aveugle, comte de Luxembourg et roi de Bohême (1296-1346), éd. par Michel Margue (Publ. du cludem, 12), Bruxelles, 1996

Johann der Blinde, *Graf von Luxemburg, König von Böhmen, 1296-1346*. Tagungsband der 9es Journées lotharingiennes, hrg. v. Michel Pauly (psh, 115; Publ. du cludem, 14), Luxemburg, 1997

Klëppelkrich. Erinnerungen einer Landschaft, hrg. v. Islek oni Grenzen, o. J., o. D. [Publications nationales, 2002]

Das Leben in der Bundesfestung Luxemburg (1815-1867), hrg. v. Musée d'Histoire de la Ville de Luxembourg, 1993

René Leboutte, Jean Puissant, Denis Scuto, *Un siècle d'histoire industrielle (1873-1973). Belgique, Luxembourg, Pays-Bas. Industrialisation et société*, Paris, 1998

Alfred Lefort, «Histoire du département des Forêts (le duché de Luxembourg de 1795 à 1814) d'après les archives du Gouvernement grand-ducal et des documents français inédits», psh, 50, 1905, p. 3-350

Stefan Leiner, *Migration und Urbanisierung. Binnenwanderungsbewegungen, räumlicher und sozialer Wandel in den Industriestädten des Saar-Lor-Lux-Raumes 1856-1910* (Veröffentl. der Kommission für Saarländische Landesgeschichte und Volksforschung, 23), Saarbrücken, 1994

Lotharingia. Eine europäische Kernlandschaft um das Jahr 1000. Referate eines Kolloquiums vom 24. bis 26. Mai 1996 in Saarbrücken, hrg. v. Hans-Walter Herrmann und Reinhard Schneider (Veröffentl. der Kommission für Saarländische Landesgeschichte und Volksforschung, 26), Saarbrücken, 1995

Claude Loutsch, «Bertels et les historiens luxembourgeois du xvie siècle», *Hémecht*, 58, 2006, p. 461-482

Claude Loutsch, «La notion de patrie chez les humanistes luxembourgeois», *Hémecht*, 60, 2008, p. 269-283

Joseph Maertz, «Entstehung und Entwicklung der Wallfahrt zur Trösterin der Betrübten in Luxemburg 1624-1666», *Hémecht*, 18, 1966, p. 7-132

La Maison d'Ardenne. xe-xie siècles. Actes des [1res] Journées lotharingiennes (psh, 95), Luxembourg 1981

Michel Margue/Michel Pauly, «Luxemburg vor und nach Worringen. Die Auswirkungen der Schlacht von Worringen auf die Landesorganisation sowie die Territorial- und Reichspolitik der Grafen von Luxemburg», *Jahrbuch für westdeutsche Landesgeschichte*, 16, 1990, p. 111-174

Michel Margue et Michel Pauly, «Saint-Michel et le premier siècle de la ville de Luxembourg. Quelques réflexions sur l'apport de l'histoire religieuse à l'étude des origines de la ville», *Hémecht*, 39, 1987, p. 5-83

Jeannot Metzler, *Das treverische Oppidum auf dem Titelberg (G.-H. Luxemburg). Zur Kontinuität zwischen der spätkeltischen und der frührömischen Zeit in Nord-Gallien* (Dossiers d'archéologie du Musée national d'histoire et d'art, III), 2 Bände, Luxemburg, 1995

Michel PARISSE, « Désintégration et regroupements territoriaux dans les principautés lotharingiennes du XIe au XIIIe siècle », *in Zwischen Gallia und Romania, Frankreich und Deutschland. Konstanz und Wandel raumbestimmender Kräfte. Vorträge auf dem 36. Deutschen Historikertag, Trier, 8.-12. Oktober 1986*, hrg. v. Alfred HEIT (Trierer Historische Forschungen, 12), Trier, 1987, p. 155-180

Michel PAULY, « Die Anfänge der kleineren Städte im früheren Herzogtum Luxemburg vor 1500 », *Siedlungsforschung. Archäologie – Geschichte – Geographie*, 11, 1993, p. 123-165

Michel PAULY, « De l'Austrasie à Sarre-Lor-Lux : la « Grande Région », une entité historique? », *in Lorraine, Luxembourg et Pays wallons. Mille ans d'une histoire partagée du Moyen Age à nos jours*. Actes du colloque tenu les 22-23 février 2007 au Conseil régional de Lorraine, réunis par François ROTH (*Annales de l'Est*, 58, 2008, numéro spécial), Nancy, 2008, p. 307-326

Michel PAULY, « Oberlotharingien im 15.-17. Jahrhundert », *in Incubi Succubi. Hexen und ihre Henker bis heute. Ein historisches Lesebuch zur Ausstellung*, hrg. v. Franz IRSIGLER und Rita VOLTMER (Publ. scientifiques du Musée d'Histoire de la Ville de Luxembourg, IV), Luxemburg, 2000, p. 13-31

Hans POHL, « Grundzüge der Wirtschaftsgeschichte Luxemburgs von der zweiten Hälfte des 19. Jahrhunderts bis in die 20er Jahre », VSWG, 86, 1999, p. 309-342

Préhistoire et Protohistoire au Luxembourg (Les collections du Musée national d'histoire et d'art, 1), Luxembourg, 2005

Das Prümer Urbar als Geschichtsquelle und seine Bedeutung für das Bitburger- und Luxemburger Land (Beiträge zur Geschichte des Bitburger Landes, 11/12), Bitburg, 1993

Winfried REICHERT, *Landesherrschaft zwischen Reich und Frankreich. Verfassung, Wirtschaft und Territorialpolitik in der Grafschaft Luxemburg von der Mitte des 13. bis zur Mitte des 14. Jahrhunderts* (Trierer Historische Forschungen, 24), 2 Bände, Trier, 1993

La révolution de 1848 et les débuts de la vie parlementaire au Luxembourg. Etudes publiées par la Chambre des Députés à l'occasion du cent-cinquantenaire de la Constitution de 1848. Dossier réuni par Gilbert TRAUSCH, Luxembourg, 1998

Rob ROEMEN, *Aus Liebe zur Freiheit. 150 Jahre Liberalismus in Luxemburg*, Luxemburg, 1995

Paul SCHILTZ, « Les répercussions de la Guerre de Trente Ans au Luxembourg 1635-1659 », *Hémecht*, 55, 2003, p. 137-195, 309-374, 563-586

Bernhard SCHNEIDER, « Katholische Reform, Konfessionalisierung und spanische Kirchenpolitik : zur Entstehung des Luxemburger Jesuitenkollegs zwischen 1583 und 1603 », *Hémecht*, 46, 1994, p. 17-36

Denis SCUTO, « Le centenaire des assurances sociales au Grand-Duché de Luxembourg (1901-2001) », *Bulletin luxembourgeois des questions sociales*, 11, 2002, p. 29-37

Denis SCUTO, *La nationalité luxembourgeoise (XIXe-XXIe siècles). Histoire d'un alliage européen*, Bruxelles, 2012

Denis SCUTO, « Mémoire et histoire de la Seconde Guerre mondiale au Luxembourg. Réflexions sur une cohabitation difficile », *Hémecht*, 58, 2006, p. 499-513

La seigneurie rurale en Lotharingie. Actes des 3es Journées lotharingiennes (PSH, 102), Luxembourg, 1986

Jürgen STOLDT, « Luxemburg – Kern Europas », *Aus Politik und Zeitgeschehen*, 8, 2008, p. 19-25

Guy THEWES, « Le cadastre de Marie-Thérèse : mythe et historiographie », *Hémecht*, 60, 2008, p. 343-362

Guy THEWES, « La réforme administrative de Joseph II dans le duché de Luxembourg », *Hémecht*, 53, 2001, p. 529-544

Guy THEWES, *Stände, Staat und Militär. Versorgung und Finanzierung der Armee in den Österreichischen Niederlanden 1715-1795* (Schriftenreihe der Österreichischen Gesellschaft zur Erforschung des 18. Jahrhunderts, 14), Wien/Köln/Weimar, 2012

Bernard THOMAS, *Le Luxembourg dans la ligne de mire de la Westforschung 1931-1940. La « Westforschung » et l'« identité nationale » luxembourgeoise*, Luxembourg, 2011

Gilbert TRAUSCH, « Contribution à l'histoire sociale de la question du Luxembourg 1914-1922 », *Hémecht*, 26, 1974, p. 6-118

Gilbert TRAUSCH, « Du Zollverein à l'Union économique belgo-luxembourgeoise (1914-1922). Un virage difficile pour un petit pays », *Hémecht*, 36, 1984, p. 343-390

Gilbert TRAUSCH, « L'industrie face au pays. Un siècle de relations ambivalentes au Luxembourg », *in FEDIL 1918-1993. Plaquette éditée à l'occasion du 75e anniversaire de la Fédération des industriels luxembourgeois*, [1993]

Gilbert TRAUSCH, « Le Luxembourg entre la France et la Belgique. 1914-1922 », *Hémecht*, 27, 1975, p. 7-32

Gilbert TRAUSCH, « La stratégie du faible : le Luxembourg pendant la Première Guerre mondiale (1914-1919) », *in Le rôle et la place des petits pays en Europe au XXe siècle*, sous la direction de Gilbert TRAUSCH (Publ. du Groupe de liaison des professeurs d'histoire contemporaine auprès des Communautés européennes, 6), Baden-Baden/Bruxelles, 2005, p. 45-176

Les valeurs au Luxembourg. Portrait d'une société au tournant du 3e millénaire, sous la direction de Michel LEGRAND, Luxembourg, 2002

Jean-Marie YANTE, *Le Luxembourg mosellan. Production et échanges commerciaux 1200-1560*, Bruxelles, 1996

Table des matières

Dans la même collection

Traité de l'argumentation. La nouvelle rhétorique, Chaïm Perelman et Lucie Olbrechts-Tyteca, préface de Michel Meyer, 6e édition, 2008.

Droit de l'Union européenne, Marianne Dony, 4e édition revue et augmentée, 2012.

Michel Meyer et la problématologie, Angèle Kremer-Marietti, 2008.

Structures de clivages, systèmes de partis et alignement des électeurs : une introduction, Seymour M. Lipset et Stein Rokkan, 2008.

Les partis politiques. Essai sur les tendances oligarchiques des démocraties, Robert Michels, traduction de S. Jankélévitch, avant-propos de Pascal Delwit, 2009.

La vie politique en Belgique de 1830 à nos jours, Pascal Delwit, 3e édition revue et augmentée, 2012.

La naissance de la physique moderne racontée au fil des Conseils Solvay, Pierre Marage et Grégoire Wallenborn, préface d'Isabelle Stengers, 2009.

Méthodologie du droit international public, Olivier Corten, 2009.

Modernité du libre examen, textes de Chaïm Perelman et Jean Stengers, préface de Jean-Pierre Devroey, 2009.

Paysages de la peur. L'homme et la nature au Moyen Age, Vito Fumagalli, traduction de Paul-Louis van Berg, préface et édition de Jean-Pierre Devroey, 2009.

Tableau politique de la France de l'Ouest sous la Troisième République, André Siegfried, préface de Christian Vandermotten, 2010.

Le manger comme culture, Massimo Montanari, traduction de Paul-Louis van Berg, préface de Jean-Pierre Devroey, 2010.

Le fonctionnement de l'Union européenne, Olivier Costa et Nathalie Brack, 2e édition revue et augmentée, 2013.

Partis et systèmes de partis. Un cadre d'analyse, Giovanni Sartori, traduction de Paul-Louis van Berg, introduction de Peter Mair, 2011.

Exit, voice, loyalty. Défection et prise de parole, Albert O. Hirschman, traduction de Claude Besseyrias, préface de Pascal Delwit, 2011.

Le Monde de l'Antiquité tardive, de Marc Aurèle à Mahomet, Peter Brown, traduction de Christine Monnatte, préface d'Alain Dierkens, 2011.

Logique de l'action collective, Mancur Olson, traduction de Mario Levi, préface de Pierre Desmarez, 2011.

La mobilisation politique de la gauche européenne (1860-1980). Le clivage de classe, Stefano Bartolini, traduction de Paul-Louis van Berg, préface de Pascal Delwit, 2012.

Ethique et droit, Chaïm Perelman, introduction d'Alain Lempereur, 2e édition, 2012.

Plaisirs et dépendances dans les sociétés marchandes, Patrick Pharo, 2012.

Gens du Moyen Age. Six croquis de la vie ordinaire, Eileen Power, traduction de Paul-Louis van Berg, édition de Jean-Pierre Devroey et Paul-Louis van Berg, introduction de Jean-Pierre Devroey, 2012.

La Chine depuis 1949, Linda Benson, traduction de Pascal Delwit, 2012.

Le travail en miettes. Spécialisation et loisirs, Georges Friedmann, préface de Mateo Alaluf, 2012.

Rhétoriques, Chaïm Perelman, avant-propos de Michel Meyer, 2e édition, 2012.

Sur le travail industriel, Max Weber, traduction de Paul-Louis van Berg, introduction et postface de Pierre Desmarez et Pierre Tripier, 2012.

L'Etat dans la société capitaliste. Analyse du système de pouvoir occidental, Ralph Miliband, traduction de Christos Passadéos, préface de Paul Magnette, 2012.

Une théorie économique de la démocratie, Anthony Downs, traduction de Paul-Louis van Berg, préface de Pascal Delwit, 2013.

Le changement climatique, mythes, réalités et incertitudes, Pier Vellinga, traduction d'Anne Lowyck, préface de Philippe Bourdeau, Frank Pattyn et Edwin Zaccaï, 2013.

La reconstruction de l'Europe occidentale (1945-1951), Alan S. Milward, traduction de Paul-Louis van Berg, introduction de Mario Telò, 2013.

Ma jeunesse, Jules Michelet, introduction de Paule Petitier, 2013.

Histoire du Luxembourg, Michel Pauly, traduction de Paul-Louis van Berg, 2013.

EDITIONS DE L'UNIVERSITE DE BRUXELLES

Fondées en 1972, les Editions de l'Université de Bruxelles sont un département de l'Université libre de Bruxelles (Belgique). Elles publient des ouvrages de recherche et des manuels universitaires d'auteurs issus de l'Union européenne.

Principales collections et directeurs de collection

- Commentaire J. Mégret (Comité de rédaction : Marianne Dony (directeur), Emmanuelle Bribosia (secrétaire de rédaction), Claude Blumann, Jacques Bourgeois, Laurence Idot, Jean-Paul Jacqué, Henry Labayle, Fabrice Picod)
- Architecture, aménagement du territoire et environnement (Christian Vandermotten et Jean-Louis Genard)
- Etudes européennes (Marianne Dony et François Foret)
- Histoire (Eliane Gubin et Kenneth Bertrams)
- Histoire – conflits – mondialisation (Pieter Lagrou)
- Méthodes quantitatives : théories et applications (Catherine Dehon et Catherine Vermandele)
- Philosophie politique : généalogies et actualités (Thomas Berns)
- Quête de sens (Marie-Soleil Frère)
- Religion, laïcité et société (Monique Weis)
- Science politique (Pascal Delwit)
- Sociologie et anthropologie (Mateo Alaluf et Pierre Desmarez)
- UBlire (collection de poche)

Elles éditent trois séries thématiques, les *Problèmes d'histoire des religions* (direction : Alain Dierkens), les *Etudes sur le XVIIIe siècle* (direction : Valérie André et Brigitte D'Hainaut-Zveny) et *Sextant* (direction : Valérie Piette).

Les ouvrages des Editions de l'Université de Bruxelles sont soumis à une procédure de *referees* nationaux et internationaux.

Des ouvrages des Editions de l'Université de Bruxelles figurent sur le site de la Digithèque de l'ULB. Ils sont aussi accessibles via le site des Editions.

Founded in 1972, Editions de l'Université de Bruxelles is a department of the Université libre de Bruxelles (Belgium). It publishes textbooks, university level and research oriented books in law, political science, economics, sociology, history, philosophy, …

Editions de l'Université de Bruxelles, avenue Paul Héger 26 – CPI 163, 1000 Bruxelles, Belgique, EDITIONS@ulb.ac.be, http://www.editions-universite-bruxelles.be

Direction, droits étrangers : Michèle Mat.

Diffusion/distribution : Interforum Benelux (Belgique, Pays-Bas et grand-duché de Luxembourg) ; SODIS/ToThèmes (France) ; Servidis (Suisse) ; Somabec (Canada).